GRANDES LIADAS DE LA HISTORIA

JESÚS BARRANCO REYES

GRANDES LIADAS DE LA HISTORIA

Ediciones Singularidad
1ª Edición. Marzo, 2024

© Jesús Barranco Reyes. @jesusbarrancoescribe

Maquetación: Laura Castillo, @arualcastell

Depósilo legal: TF 135-2024
ISBN: 978-84-121094-8-1

Impreso en España
El papel utilizado para imprimir este libro es 100% libre de cloro y, por tanto, ecológico.

A mi padre, origen de todas mis historias.

«El número de necios es infinito».

ECLESIASTÉS 1, 15

• PRÓLOGO •

De pequeñito odiaba la historia. Mucho. A conciencia. Me disgustaba tanta fecha, tanto acontecimiento, tanto suceso irrelevante y tanto listado a memorizar. Me parecía un agotador esfuerzo neuronal, de utilidad cuestionable. Por fortuna, mi padre, en su infinita sabiduría, inundaba las estanterías de casa con novelas históricas. Había de todo. Libros alegres y libros tristes. Ligeros como cómics y pesados como mausoleos. Y yo, manifestando los primeros rictus de una frenética adicción lectora, que me iba a castigar el resto de mi vida, sucumbí ante el desafío. Los leí todos. Página a página, fui dejando cambiar mi percepción de la materia. Pasé de contemplar la historia desde la distancia a sentirme partícipe de ella. Protagonista, incluso. El tiempo, y la curiosidad, quisieron que dejara de leer reinterpretaciones para pasar a beber de las fuentes. Y olvidé, por completo, que no me gustaba la historia.

Décadas más tarde, y pese a un recorrido profesional que poco —más bien nada— tenía que ver con estas pedradas, me adentré aún más en la madriguera de conejo. Tras lo que debió ser un fuerte golpe en la cabeza, decidí matricularme en el grado de Geografía e Historia. Tratar de compatibilizar los estudios con el trabajo, la familia y la vida en general no fue fácil. Pero cursar esta carrera ha sido el arrebato académico más satisfactorio de mi vida. No voy a mentir, no sé si estudiar historia me ha convertido en mejor persona, pero sí me ha hecho ser muchísimo más feliz. Supongo que descubrir esto último fue el germen del presente libro: el creciente deseo de compartir con otros aquello que me hacía disfrutar.

El enfoque lo tenía claro. Hay infinitos temas sobre los que escribir, pero mis favoritos son aquellos acontecimientos absurdos, ridículos o desafortunados que podríamos llamar «liadas» de la historia. Hay muchas. ¡Vaya que si hay! De todas las formas y colores. Leer sobre ellas siempre me ha sacado una sonrisa. Con deje de amargura, ojo, porque la historia siempre se acompaña de una inevitable guarnición de tragedia y sufrimiento. Bueno, no siempre. Algunos acontecimientos son destellos de luz y esperanza, y demuestran lo mejor del ser humano. Pero son, sin duda, minoría en el devenir del tiempo. Y les puedo asegurar que no los van a encontrar en este libro.

No, aquí hemos venido a hablar de episodios lamentables.

Si algo ha caracterizado al género humano a lo largo de los siglos es su capacidad para dar estacazos en la cabeza. En la ajena y en la propia. Por eso, he elegido una decena de mis liadas favoritas y las he empaquetado con cariño en el presente libro. Eso sí, lo he hecho a mi manera, de forma desenfadada y algo ácida. Pido, de antemano, disculpas al lector. Pero cuando se vadean los ríos de sangre del desacierto histórico, la irreverencia me parece casi imprescindible para conservar la cordura.

Y sacar, si se puede, una sonrisa por el camino.

En la redacción de cada capítulo se han consultado múltiples fuentes. Se ha dado prioridad a aquellas que se consideran oficiales o más fiables. Pero cuando algún registro complementario ofrecía detalles atractivos o interesantes, también se han incluido. No hemos obviado la fiesta, vamos. Al fin y al cabo, aquí hemos venido a pasarlo bien. En todo caso, siempre se especifica cuando hay dudas sobre alguna de las informaciones recogidas en el texto.

Algo similar ocurre con las cifras. Sobre todo, las de tropas. Y las de bajas, que son, por desgracia, frecuentes en estos episodios. En varios de los acontecimientos relatados existe gran disparidad numérica, dependiendo de las fuentes. Frente al párrafo anterior, en todo lo que tiene que ver con cifras, se ha optado por ser conservadores. Podemos certificar que las presentes liadas lo son sin necesidad de exagerar un ápice en los datos. De todas formas, se suelen ofrecer intervalos y horquillas para facilitar una mejor comprensión de la magnitud de las pedradas relatadas.

Pese a todo, es posible que algún lector entienda que el tono y la aproximación a los hechos relatados es inadecuado. Que resulta irrespetuoso con sus consecuencias. O impreciso en su cuantificación. En ese caso, querido lector, solo me queda pedir disculpas.

Recuerde que yo, de pequeñito, odiaba la historia.

Espero que disfrute de este libro, al menos, una mínima parte de lo que yo he disfrutado escribiéndolo.

• CRONOLOGÍA •

Se adjunta un breve eje cronológico de los acontecimientos narrados en el presente libro. Eso sí, el orden en
el que se presentan los capítulos es independiente de la co-
rrespondiente sucesión temporal. Al fin y al cabo, aquí lo
importante son los líos, no la secuencia.

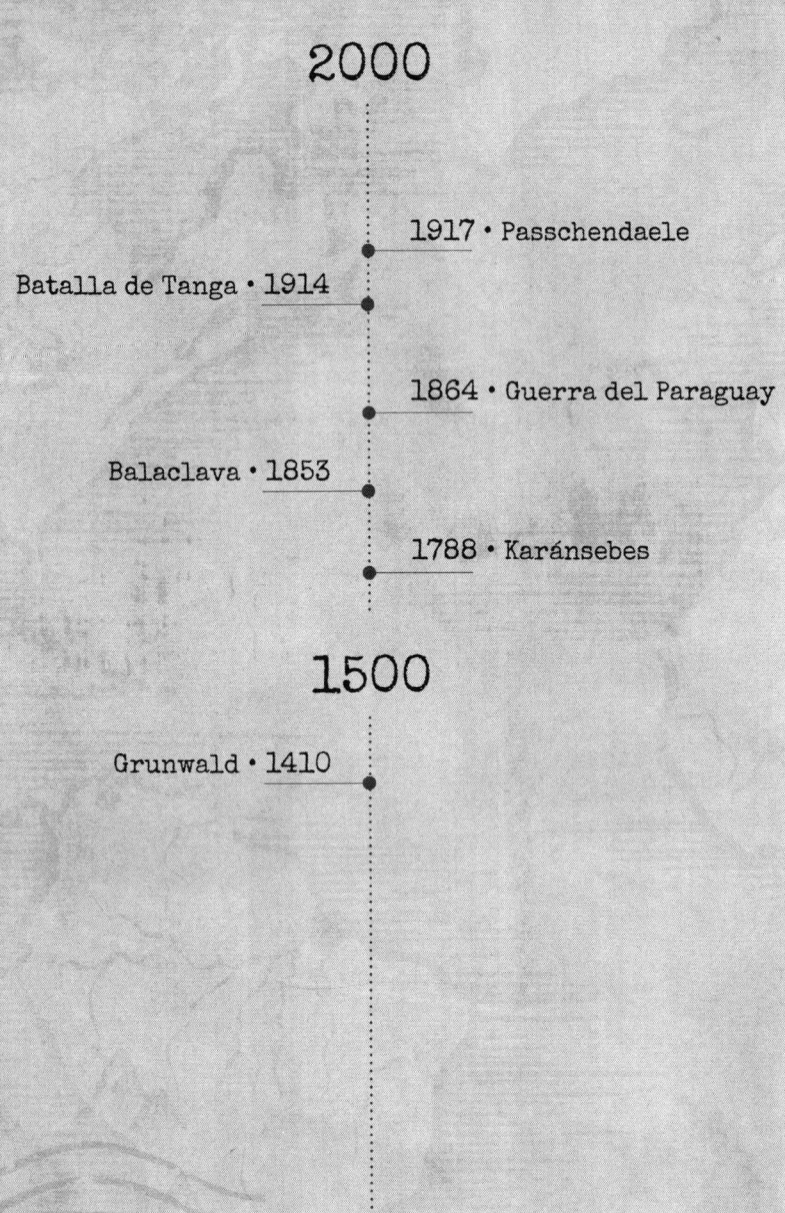

2000

1917 • Passchendaele

Batalla de Tanga • 1914

1864 • Guerra del Paraguay

Balaclava • 1853

1788 • Karánsebes

1500

Grunwald • 1410

1000

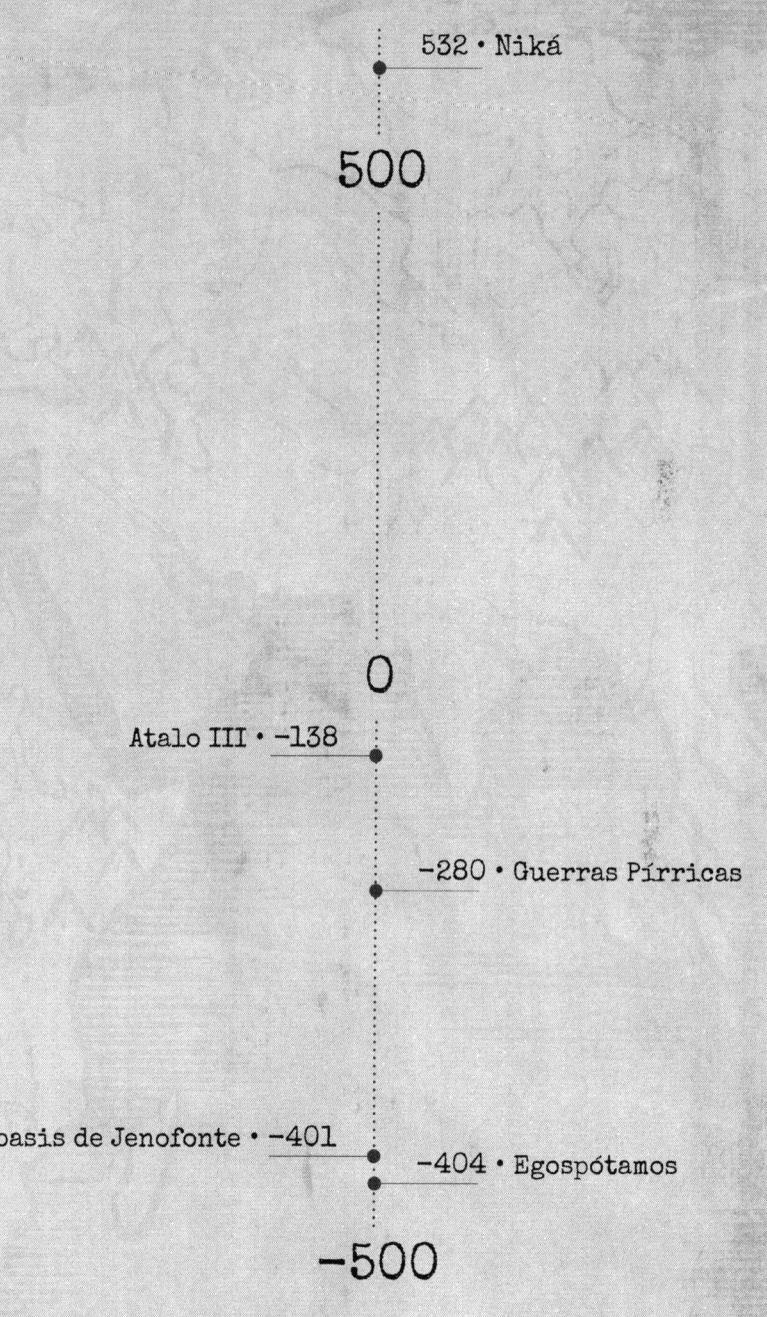

532 · Niká

500

0

Atalo III · −138

−280 · Guerras Pírricas

Anábasis de Jenofonte · −401

−404 · Egospótamos

−500

• ATALO III DE PÉRGAMO •

¿DÓNDE?

Esta historia sucede en Pérgamo, que era un reino monísimo en Asia Menor, o península de Anatolia, en lo que hoy es Turquía.

¿CUÁNDO?

Pues estamos en el siglo II a.C., allá por el año 138 a.C. Bueno, también se habla un poquito de después.

¿QUIÉN?

Vamos a contar las movidas de Atalo III, rey de Pérgamo, de sus paisanos, y de los romanos de la época, que aparecen como invitados especiales. Toma ya.

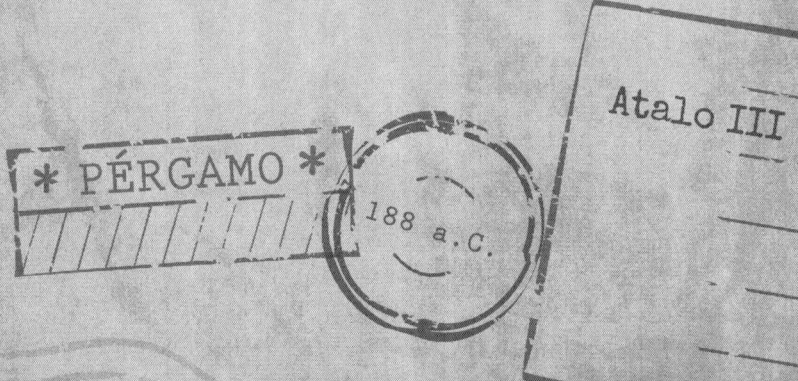

Atalo III fue monarca de Pérgamo, sucediendo a su tío Atalo II. Hasta ahí, todo bien. Muy de la época. Si tu antecesor se llamaba Fulano Palito, pues tú te convertías en Fulano Palito Palito, y así el pueblo no se confundía. Todo muy práctico. El tema es que nuestro queridísimo Atalo III no solo fue rey de Pérgamo. Fue el último rey de Pérgamo.

Vamos a ubicarnos, en tiempo y espacio.

Pérgamo era un reino en Asia Menor, en lo que ahora es Turquía, cerquita de la costa del Egeo. Surgido alrededor de la ciudad de su mismo nombre, llegó a ocupar una importante parte del sector noroccidental de Anatolia.

Reino de Pérgamo en el año 188 a. C. Mapa de William R. Shepherd (1923). Dominio Público.

Las leyendas contaban que había sido fundado por Pérgamos, hijo de Neoptólemo y Andrómaca, salidos directamente de la guerra de Troya. Tampoco es que fuera información muy fiable. En esa época, tener entre tus fundadores a cualquiera que apareciera en la *Ilíada*, la *Eneida* o la *Odisea*, era top. Aunque fuera de extra en dos escenas. Daba pedigrí. Los mandamases caminaban henchidos por el prestigio de sus antecesores literarios, y los ciudadanos sentían un orgullo especial al levantarse por las mañanas. Algo que siempre es bueno. Sobre todo, si tienes en mente exprimirles con impuestos para tu nuevo palacio. O hacer que se líen a tortas en tu nombre.

Tiene sentido. Si te cuentan que tu villa surgió en un cruce polvoriento, fruto del desarrollo afortunado de un chiringuito de intercambio de pieles de cabra, se pierde parte de la mística, del glamour. Te dice tu rey que vayas a pegarte con los de Esmirna por el honor y la gloria, y lo mismo le contestas que vaya él, si quiere. Que tú tienes que dar de comer a las cabras. Ya sabes, las de las pieles.

Por eso, tener un origen legendario ayudaba a la motivación. Al *teamworking*. *Coaching* regio y esas cosas. Además, en Troya debía haber una incubadora de urbes, porque recordemos que Roma atribuía su fundación a Rómulo y Remo que, a su vez, se decían descendientes directos de Eneas, huido de Troya y asentado en el Lazio.

Franquicias Troyanas S. L.

Vamos con el tiempo. Estamos en el siglo II a. C. Para ser concretos, en el año 138 a. C. Atalo III se convierte en soberano de Pérgamo. Una potencia, un reino con caché, como comentábamos. Su biblioteca era una de las más relevantes de la Antigüedad, segunda detrás de la egipcia de Alejandría. Además, ambas coincidieron en el tiempo. De hecho, cuenta la leyenda que, fruto de esta competencia, Alejandría habría privado a su rival del preciado soporte literario que se producía junto al Nilo: el papiro. Y que esta «sanción comercial» sería lo que había facilitado la transición de Pérgamo a su invención más famosa y duradera: un soporte elaborado a partir de piel de cordero y otros animales que permitía escribir sobre él. Tal fue su impacto que se sigue conociendo por el nombre de la ciudad: «de Pérgamo» o «pergamino». Todo esto, como digo, lo cuenta la leyenda. Porque los historiadores de verdad dicen que tururú, que ni envidia ni culebrón. Que el papiro era frágil de narices y el pergamino, que sí que es de Pérgamo, resultaba más duradero y de mejor calidad. Y su materia prima mucho más universal. Así que es probable que su desarrollo y adopción no tuvieran nada que ver con una afrenta comercial.

Aun así, hay que reconocer que tiene cierto encanto dar coba a la leyenda. Podemos imaginar a esos alejandrinos, egipcios helenizados bajo la estirpe de los Ptolomeos, tratando de amargarles el día a los también helenos Atálidas, parientes y amigos, pero no tanto. Que aquí solo hay sitio para un *influencer* bibliotecario, primo, y voy a ser yo. Así que, si vienes a por papiro, uy, qué lástima, pero se me ha terminado. Contigo no, bicho. Hay magia en evocar a estos pueblos del pasado peleando, no a base de estacazos, sino tratando de limitar el impacto literario de sus respectivos emblemas culturales. Toma ya. También hay magia en recordar que, si se trata de fastidiar al vecino, el currículum de la humanidad viene de largo y nunca faltaron ni estacas ni inventiva.

Santo papiro, me dejo llevar y me alejo del tema. Retomamos. ¿Dónde? En Pérgamo. ¿Cuándo? 138 a. C. Atalo II, todo un líder militar, ha estirado la sandalia. Y le sucede su sobrino. Nuestro querido Atalo III.

¿Y el problema? El problema es que, de 1 a 10, el interés de Atalo III por reinar ascendía a 0. Le importaba poco su tarea, Pérgamo, la posición regia y todo lo que se le asocia. Según algunas lenguas —malas, por supuesto—, pasaba también de su corte, de sus súbditos y de más cosas. No se le conocieron hijos varones ni herederos en general. Al parecer, lo único que le motivaba era estudiar medicina, botánica y practicar la jardinería. Paso de tus edictos, Lisímaco, que tengo que regar los jacintos.

Así que, según se acercaba su hora —que, todo sea dicho, fue pronto, porque solo duró cinco tristes años en el trono—, al bueno de Atalo III no se le ocurrió otra cosa que dejar su reino en herencia a Roma. Pérgamo, enterito, con todo lo que contenía: sus ciudades, su biblioteca, sus pergaminos, su tesoro real, sus ciudadanos..., incluso sus cabras. El pack completo para los vecinos de la bota. Esos que hablaban un idioma raro, pero que tenían pinta de ir a pegar fuerte los próximos siglos.

Ea, va por ustedes.

El motivo real de semejante decisión se desconoce. A saber. No tuvo un buen día. O un buen lustro. Se levantó con el pie izquierdo. De esos días en los que no te puedes ni mirar al espejo. Tal vez tenía un sentido del humor rarito y pensó en la cara que se les iba a quedar a sus paisanos. «Verás los memes, ¡qué risas!». También puede que tratara de evitar un inminente conflicto civil, que podría aplacarse bajo el estricto control romano. O a lo mejor solo estaba hasta las narices de sus compatriotas pergamenos, que a saber cómo se las gastaban. Total, debió pensar, para lo que estamos haciendo, mejor que nos conquisten ya y a freír espárragos.

Verdura que, por cierto, también pasó de Grecia a Roma.

Sus súbditos, todo sea dicho, desconocían esta ocurrencia del monarca. Pero Roma no. Roma lo tenía muy presente, que nuestros vecinos siempre fueron muy espabilados para los asuntos administrativos. La carta comunicando la gracia hereditaria del monarca llegó al Senado romano y puso a Tiberio Graco a aplaudir con las orejas. Acababa de aprobarse su reforma agraria y necesitaba dinerito para pagar las indemnizaciones necesarias a los propietarios, cuyas tierras se repartirían entre los campesinos. Y, de repente, te llega un no pariente lejano y te lega todo lo que tiene. Sin conocimiento de los legados, ya, pero eso es lo de menos. Así lo recoge Tito Livio en su Periochae. Allá por el libro 58, cita: «Rey Attalus de Pérgamo, hijo de Eumenes [II], ha hecho al pueblo de Roma su heredero».

Y como esta gente se tomaba los asuntos de derecho muy en serio, apenas Atalo III arrugaba la toga, en el año 133 a. C., cinco senadores, con Escipión Nasica a la cabeza, desembarcaban en Pérgamo para tomar posesión del reino. Que esa conversación también debió de ser para grabarla, la verdad.

—Bienvenidos, romanos. Están ustedes en su casa.

—Ni se imagina cuánto, caballero.

No todo el mundo se lo tomó bien, claro está. Aristónico, hijo bastardo de Eumenes II, se opuso a la decisión. Por honor patrio. O porque ya se veía gobernando el chiringo y no estaba dispuesto a dejarse quitar el trono. Se proclamó rey con el nombre de Eumenes III —Palito Palito Palito—, hizo una visita al cajero del Tesoro Real —ese al que quería echar mano Tiberio Graco— y lio una revuelta que tuvo a los romanos fajados en el asunto durante tres años. Pero las habas estaban contadas. Roma había decidido que aquello ya no era un reino, sino una provincia preciosa para entrar a vivir. Y, además, Aristónico iba por ahí hablando de sociedades más igualitarias y del dominio de la justicia, inspirado en ideas estoicas. Así que los reinos cercanos, como Ponto, Bitinia, Capadocia o Paflagonia, dijeron que «y un papiro *pa* ti» a eso de nuevos formatos sociales. Esas cosas se pegan como un virus y luego tus amorosos súbditos comienzan a hacerte preguntas incómodas. Como buenos vecinos, se decantaron por el interés del primo itálico, que desmontó la resistencia rebelde. Entre medias hubo macedonios enfadados, tracios peleones, chanchullos, captación de apoyos y liberaciones de esclavos. En esos tiempos, cualquier jarana te daba para una serie de Netflix de seis temporadas.

Pero, bueno, en resumen: cuando tu rey pasa tanto de todo que, en lugar de buscar enchufar a su favorito en la línea sucesoria, como es tradición, decide regalar el reino, con todo incluido, a otra potencia, merece un sitio entre las grandes liadas de la historia.

• BATALLA DE BALACLAVA •

¿DÓNDE?

Balaclava es una región de la península de Crimea, cerquita de Sebastopol. Esa ciudad que tanto se mencionaba en Mortadelo y Filemón.

¿CUÁNDO?

Sucede en el siglo XIX, durante la Guerra de Crimea de 1853 a 1856.

¿QUIÉN?

Aquí vamos a mezclar a los turcos, los franceses y, sobre todo, los rusos y los ingleses. Estos últimos van a ser la estrella de la movida.

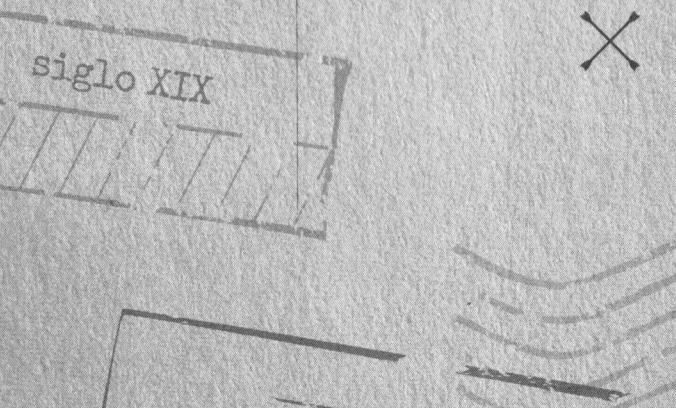

siglo XIX

Balaclava

Into the valley of Death
rode the six hundred.
Cannon to right of them,
cannon to left of them

Así reza el poema *The Charge of the Light Brigade* de Alfred, lord Tennyson. Así comienza también la banda británica Iron Maiden su interpretación en directo de la canción *The Trooper*. Cuando un suceso es capaz de seducir a un poeta victoriano del siglo XIX, y a una banda de *heavy metal* del XX, sabes que la liada tuvo que ser grande.

Y lo fue.

La batalla de Balaclava es, tal vez, uno de los suicidios colectivos más célebres en el ámbito castrense anglosajón y un paradigma de la mala comunicación en el campo de batalla.

Nos ubicamos: La llamada guerra de Crimea comenzó con un pequeño cirio, que es como suelen comenzar las guerras. Era 1852, Napoleón III —Palito, Palito, Palito, que este no es el famoso, ese va sin palito— gobernaba en Francia y encaminaba al país a un influyente Segundo Imperio. A Rusia no le gustaba nada el andar de la perrita y ya veía peligrar los acuerdos de 1815, fruto de la derrota del otro Napoleón. El catalizador del conflicto fue un cristo con los derechos religiosos de los monjes católicos y ortodoxos en los Santos Lugares, bajo dominio otomano. Este incidente obligó al sultán turco a ceder ante los franceses. Y el zar Nicolás I, erigido protector de los cristianos ortodoxos, lo entendió como una amenaza.

A partir de ahí, una historia de diplomacia internacional, presiones políticas y maniobras militares francobritánicas en el Mediterráneo. Mientras, Austria y Prusia rogaban calma como el que pide que bajen la música en un concierto de *death metal*. Rusia movió ficha y ocupó los por entonces principados turcos de Valaquia y Moldavia. Y Turquía respondió declarando la guerra, con británicos y franceses en medio del lío. Tras la batalla de Sinope, que llevó al fondo del mar Negro a la flota turca, Londres y París se unieron de forma oficial a la fiesta.

Rusia, que tal vez no esperaba tanta oposición extranjera, recogió cable y se retiró con rapidez de los principados, ocupados al momento por Austria. Y listo. Vamos, que ya no había motivo para más guerra. Objetivo cumplido. *Mission accomplished*, fotito y, hala, para casa a celebrarlo.

Pues no.

Por desgracia, siempre hay alguien que considera que, si te has vestido para el baile, tienes que pisar la pista. Así que tanto ingleses como franceses, deseosos de fortalecer su posición negociadora, se lanzaron en una expedición a Crimea, junto a los dolidos turcos. Todo con la idea de apoderarse de la base naval de Sebastopol.

Ya ve el lector que lo de Crimea como territorio estratégico para Rusia no empezó con Putin. Venía de antes.

Y esa expedición a Crimea, que parecía el apéndice secundario de una guerra rápida, que casi no había llegado ni a serlo, iba a generar la friolera de un millón de víctimas. Así, de gratis. Muchas no fueron consecuencia de las armas, sino fruto de las enfermedades que se propagaron entre los soldados. Esto daría lugar a otro evento relevante: el papel de Florence Nightingale y sus enfermeras voluntarias; antecedente del Solferino de Henry Durant, que llevaría a la creación de la Cruz Roja. Pero esa es otra historia, luminosa como el farol de Nightingale, que podrás leer en mi siguiente libro. En este no, aquí no hemos venido a hablar de luces, sino de sombras. Así que dejamos esa página abierta para el lector, por si tiene un día de bajona y le hace falta algo más alegre.

Mientras tanto, la guerra continuaba. Y el 25 de octubre de 1854 se produciría la batalla de Balaclava o Balaklava, llamada así por la región en la que se encontraron los ejércitos. Los rusos la conocen como la batalla de Kadikoi, nombre de la población más cercana al campo de batalla. Pero ya se sabe que el nombre a estas cosas se lo pone el que gana. O, en caso de duda, el que hable inglés, que siempre han sido más espabilados para estas lides.

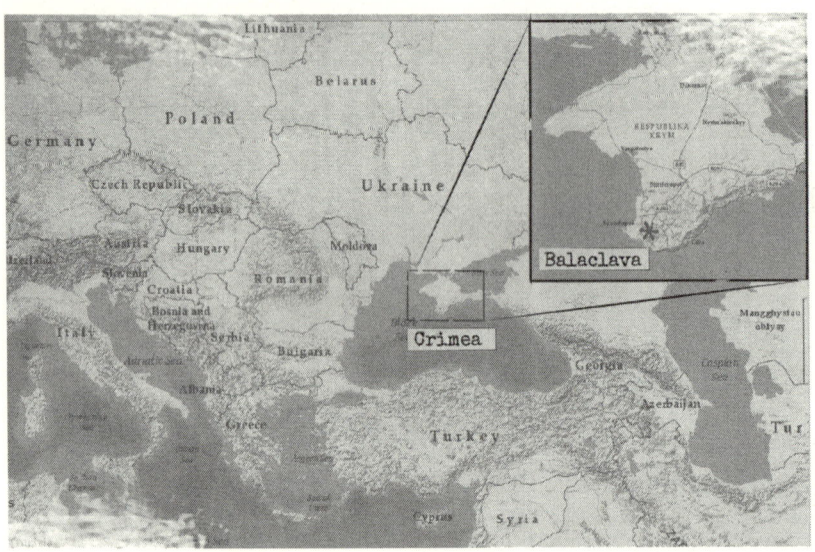

Península de Crimea y Balaclava.
Elaboración propia.

La operación que nos atañe consistía en añadir tropas al asedio a Sebastopol. Por el camino ya se iba anticipando que la cosa no iba a ser sencilla. La planificación había sido muy mejorable. Hubo jaleo entre ingleses y franceses para ver quién desembarcaba dónde y los puertos requerían líneas de defensa. Por su parte, los rusos desplazaron a tropas del frente del Danubio con el objeto de aliviar el asedio.

Entre los aliados, el general que encabezaba las tropas inglesas, un tal lord Raglan, organizó a sus huestes. Decidió poner al mando de la División de Caballería al Conde de Lucan, y al mando de la Brigada Ligera de Caballería a su cuñado, lord Cardigan. Hasta aquí, bien. Pero resulta que ambos aristócratas, Lucan y Cardigan, se llevaban como el perro y el gato, algo que era de dominio público. Y Raglan los puso, no solo juntos, sino a uno bajo el mando del otro. Maravilloso. Nada como un buen «Sálvame, Crimea» para mejorar la moral de la tropa.

Hay generales que no necesitan ni enemigos, porque los problemas se los buscan ellos solos.

A propósito, puestos a quedarse con nombres, el tal Cardigan no solo se llama como el suéter. Es el del suéter. Se lo inventó justo en esta guerra y lo popularizó a su vuelta. O, según otras fuentes, ya estaba inventadísimo de antes, pero el nombre y la fama se la dio este caballero en este conflicto.

La de cosas que aprendemos en este libro.

Seguimos. Tras un despliegue poco feliz, las tropas británicas, acompañadas por unidades francesas y turcas, se encontraron con los rusos, que venían a levantar el asedio en las proximidades de Kadikoi. Estaban bien preparados a lo largo de un valle. Y cuando decimos bien, era Bien, con B mayúscula. Tumbonas, toalla, neverita con vodka y veinticinco mil soldados dominando los laterales del valle, en cuyo fondo habían instalado la artillería.

Viendo el número de enemigos, y la pinta del campo de batalla, los ingleses solicitaron que el contingente que ya asediaba Sebastopol se uniera al ejército de Raglan. Sin embargo, esas tropas llegarían tarde y no participaron siquiera en la batalla. Se dice que su comandante, al recibir el mensaje, no quiso interrumpir su desayuno inglés para emprender la marcha. Que lo de defender el imperio está muy bien, pero con la barriga vacía no se llega a ningún lado. Un poco más de beicon, por favor.

Así que, sin refuerzos, lord Raglan decidió enfrentarse a los rusos en campo abierto. En esta batalla pasó de todo, la verdad. Por ejemplo, fue famosa la sorprendente acción de un regimiento montañés escocés de casacas rojas, que fue capaz de detener la carga de la caballería rusa con una delgada línea de tan solo dos soldados de profundidad. En esa época, lo normal cuando se trataba de rechazar una carga a caballo era colocar, al menos, cuatro filas de profundidad, o bien una formación en cuadro. Por eso, esta inusual maniobra, que permitió salvar el campamento aliado, daría nombre al concepto de «la delgada línea roja», de extenso uso militar.

Sin embargo, la actuación estelar se produciría en el fondo del valle. Lord Lucan recibió, a través de un mando intermedio, una orden de lord Raglan, que exhortaba a la caballería a avanzar sin demora e impedir que los rusos retiraran sus cañones. Unos cañones que estaban muy muy al fondo del valle. Pero mucho. A un kilómetro y medio, pasando todas las tropas rusas, vamos. Parece que, en realidad, las órdenes se referían a «otras» posiciones rusas y «otros» cañones, en unas colinas cercanas, y que una explicación errónea fue el origen de la confusión. Un ejemplo de manual de las consecuencias de la comunicación imprecisa en combate. Pero, fuera por el mensaje, el mensajero, o el destinatario, el tema es que allí se entendió que había que tirar para adelante con la caballería, hasta los cañones rusos.

Y para adelante tiraron.

Pese a que ni lord Lucan parecía convencido ni lord Cardigan muy de acuerdo, una orden era una orden. La Brigada Pesada, que avanzaba con lord Lucan desde la retaguardia, cargó por el valle, recibiendo fuego enemigo, pero se detuvo pronto al comprobar lo impracticable de la operación. Sin embargo, la Brigada Ligera, bajo el mando de lord Cardigan, no se detuvo. Su mando le había dado una orden y se empeñó en cumplirla. Tampoco lord Lucan le dijo lo contrario, cosa que sí había hecho con la Brigada Pesada. Que a lo mejor fue un despiste, claro. No es descartable. Un «está tan lejos que ya no me oye». O no le entró el WhatsApp. Pero también pudo ser un «así te revientes, suéter de las narices, que me tienes hasta el mostacho». Viendo el reconocido cariño que se manifestaban, todo es posible.

En fin, que los más de seiscientos jinetes de la Brigada de Caballería Ligera marcharon hasta el fondo del valle, a por el enemigo. Y no lo hicieron a lo loco. Avanzaron como corresponde: despacito al principio, del paso al trote y del trote al galope, cumpliendo con la ortodoxia del reglamento de caballería. Recibieron, por el camino, todo el fuego cruzado que era de esperar, así como las descargas de artillería de los sorprendidos rusos. Se dice que los propios defensores, bajo la autoridad de Pavel Liprandi, pensaron que los jinetes británicos se habían dado en exceso a la bebida, pues no se les ocurría otra explicación para la maniobra.

Me van a permitir el comentario, pero cuando el ejército ruso cree que TÚ has bebido demasiado antes de la batalla, es el momento de replantearse algunas decisiones.

Tras aguantar el trote hasta los últimos metros, la Brigada Ligera se lanzó al galope, llegando a sobrepasar a los atónitos artilleros. Ahí, sin embargo, se encontraron de frente con la caballería cosaca en perfecta formación, que desbarató lo que quedaba de la carga. Los británicos dieron entonces la vuelta, debiendo retroceder de regreso a sus posiciones iniciales.

Otra vez por todo el medio del valle, soportando fuego enemigo.

Por fortuna para ellos, la caballería francesa había apoyado su avance por el flanco y superado las posiciones rusas, lo cual dio algo de cobertura a los británicos que regresaban. No obstante, la Brigada Ligera, compuesta por cinco regimientos de Dragones Ligeros, Lanceros y Húsares, fue acribillada. Las estimaciones varían bastante, pero se habla de hasta ciento diez jinetes muertos, treinta capturados y ciento veintisiete heridos (Sweetman, 1990, p. 83).

La noticia, que llegó unas tres semanas más tarde a Gran Bretaña, tuvo un gran impacto. En cierta medida, esta fue la primera guerra en recibir una cobertura mediática «moderna»: a golpe de telégrafo y con seguimiento fotográfico. Resulta curioso que la masacre fuera convertida, casi al instante, en un icono, un símbolo de orgullo. Una demostración del valor que se atribuía a la caballería del imperio. Sus jinetes se habían adentrado sin miramientos en ese «valle de la Muerte», víctimas, todos ellos, de la incompetencia de sus mandos. La versión británica del «¡Dios, qué buen vasallo, si tuviese buen señor!».

A veces nos olvidamos de que, cuando se trata de incompetentes al mando, no hay tantas fronteras como parece.

El general francés Pierre Bosquet llegó a afirmar: «Es magnífico, pero eso no es la guerra». Y lord Tennyson, tras leer el relato de la batalla, publicó el popular poema con el que comenzaba este capítulo, glorificando a la brigada y lamentando lo inútil de su gesto. Todo ello contribuyó al carácter casi legendario que alcanzaría este suceso, objeto de novelas, películas y canciones. Una muestra significativa de valor y órdenes absurdas, de esas que no escasean en la historia castrense.

Por el camino, todos los generales fueron exculpados, por diferentes motivos. Ninguno volvió a detentar mando militar, pero alguno disfrutó de posteriores ascensos. Al fin y al cabo, por encima de generales, eran aristócratas. Y ya saben que la pérfida Albión siempre tuvo un rasero especial para esta estirpe.

Masacres absurdas —como todas— al margen, los rusos lograron retirar sus tropas y su artillería considerando la batalla como una victoria, un impulso para la moral y uno de los motivos por los que la guerra se prolongó. Por su parte, los aliados lograron mantener el asedio a Sebastopol, por lo que también hablaron de éxito.

Como las elecciones aquí, vamos, que no pierde ni el tato.

Al final —atención, *spoilers*—, los rusos se retirarían de Sebastopol, tras hundir sus propios barcos y hacer saltar por los aires los polvorines. El nuevo zar, Alejandro II, firmó la paz en París. El Imperio otomano respiró un ratito más, Gran Bretaña y Francia fortalecieron su posición en el mar

Negro y Rusia daría la espalda a Europa durante un tiempo. Austria había demostrado su debilidad, que le pasaría factura en el futuro. Para cerrar el episodio, Prusia, uno de los pocos poderes que se mantuvo neutral en el conflicto, se convertiría en el *daddy* centroeuropeo de las siguientes décadas.

Pero, por encima de todo, la guerra de Crimea sería recordada por su «valle de la Muerte», donde se adentraron los seiscientos. Y de donde salieron apenas trescientos. Porque de muertes absurdas están las guerras llenas.

• PIRRO DE EPIRO •

¿DÓNDE?

El reino de Epiro está en una región con montañitas, que hoy en día se divide entre Albania y el oeste de Grecia. Unas vistas al mar Jónico preciosas.

¿CUÁNDO?

Esta vez nos vamos al siglo IV - III a.C. Ya saben que aquí vamos saltando sin vergüenza alguna. Vamos a movernos en el entorno del 280 a.C.

¿QUIÉN?

Pues el protagonista fundamental es, lógicamente, Pirro, hijo de Eácides.

Pocos generales clásicos han perdurado tanto en nuestra cultura popular como Pirro de Epiro. Sobre todo, en la futbolística nacional, que no es poca cosa. «Victoria pírrica», se decía. Ya se usa menos. Y menos mal, porque el viejo Pirro debía de revolverse en su tumba cada vez que había jornada de Liga. No es para menos. Su invasión de la península itálica fue, cuando menos, particular.

Nos centramos: estamos hablando de uno de los mejores generales de su época. Sin embargo, ha quedado en el acervo común como ejemplo de que, a veces, ganando también se pierde. Fue rey de Epiro, que no está mal. Basileus, que se decía por esos pagos. También fue monarca de Macedonia otras tantas, aunque ahí duró menos que lo que se tarda en decir «sarisa»[1]. Se trasladó a Italia, se enfrentó a Roma y llegó a conquistar gran parte de Sicilia. Y le dio tiempo a volver a Grecia para la merienda. Vivo. Que no es poco. El problema no fue tanto el qué, sino el cómo.

Pirro, el Águila para sus amigos, nació en Epiro, allá por el 319 a. C. o el 318 a. C. Epiro era un reino griego moní-

---

1. Pica habitual de las falanges macedonia, desde Filipo II en adelante. Larga de narices, de tres a siete metros, con un promedio de seis. Si has visto las películas de El Señor de los Anillos, piensa en los Uruk-hai. Si no las has visto, cierra el libro y vuelve cuando hayas terminado.

simo, con vistas al mar Jónico, y vecino de Macedonia. De la de antes, no de la actual «del Norte», para no meternos en líos. Estaba emparentado con Alejandro Magno, ahí es nada. A pesar de ello, su familia se decía descendiente de... Neoptólemo, hijo de Aquiles. Sí, otro más. [Ver «Atalo III» en este mismo libro para más detalles sobre el franquiciado troyano].

Un enfrentamiento por la corona de la vecina Macedonia dejó al padre de Pirro sin trono y a él sin casa. Acabó danzando y guerreando por el Mediterráneo junto al esposo de su hermana, Demetrio Poliórcetes, que fue otro de los grandes estrategas de la época. Pirro era espabilado y aprendía rápido, hasta el punto de pasar de ser rehén de Ptolomeo en Alejandría, a recuperar el trono de Epiro con la ayuda de su antiguo captor. Eso, con apenas veintitrés años. Al poco, se haría también con casi toda Macedonia, aunque pasaría los siguientes diez años enfrentado al que había sido su cuñado. Cosas de familia.

La vida pírrica de esos primeros años da para varios libros, así que vamos a la chicha. En el año 280 a. C. Pirro tenía ya treinta y ocho añacos. Y estaba aburrido de narices. Imagino que, después de pegarse casi toda su vida adulta peleando, huyendo o invadiendo, la tranquilidad le daba urticaria. Gran parte de los males de la humanidad se podrían haber evitado si cada rey, césar, general o presidente de gobierno aburrido hubiera optado por el tradicional pasatiempo de golpear sus gónadas con dos piedras. O hacer sudokus. O punto de cruz. Por desgracia, el entretenimiento más habitual en todos estos casos solía ser la búsqueda de la gloria. Y no hablamos de la maravillosa poetisa española. No, «la gloria» es un concepto histórico que implica ir a amargarle la vida a otra gente. Y a la tuya, también, todo sea dicho. Círculo perfecto. *Win-win*.

La guillotina se inventó demasiado tarde.

En fin, que a Pirro le apetecía jarana y le surgió la oportunidad de encontrarla en Italia. Los tarentinos[2] andaban a la greña con los romanos y le ofrecieron poner bajo su mando un importante ejército, formado por las naciones del sur de Italia. A nuestro epirota se le hizo la boca agua y se dice que se imaginó de soberano, no solo de Italia, sino de Sicilia y África. Como no se fiaba de las tropas en destino, decidió organizar su propio contingente. Todos sus vecinos le echaron una mano, encantadísimos de que se largara a guerrear a

---

2. Habitantes de Tarento, ciudad del sur de Italia. Nada que ver con Tarantino —creo—.

otro lado y no empezara a preguntarse si la tal «Gloria» estaba empadronada en el reino de al lado, que nunca se sabe.

Total, que se embarcó para Tarento con más de veinte mil soldados y un puñado de elefantes. Algunas fuentes dicen que veinte. Otras, que cincuenta. Siendo sinceros, «un elefante» ya son «muchos elefantes», sobre todo, si te lo vas a encontrar de frente en un campo de batalla. Sea como fuere, la cantidad no es tan importante como la cualidad, puesto que se trata de la primera vez que se registró la presencia de elefantes en combate en tierras itálicas, décadas antes de que Aníbal Barca decidiera ir a conocer la Toscana.

Ya saliendo de casa comenzó a liarse la cosa. En esa época se prestaba más atención a las vísceras de gallina que a las predicciones meteorológicas, y una tormenta en el mar le hizo llegar en cuadro a Italia. Una vez allí, antes de que pudiera recibir refuerzos de sus supuestos aliados, y viendo que los tarentinos estaban más por ir al teatro que a la guerra, se vio obligado a hacer frente a las tropas romanas, que tomaron la iniciativa. Se produjo la llamada batalla de Heraclea, donde el propio Pirro lideró la carga de caballería. Porque eso hay que destacarlo. Si bien el monarca, como otros muchos, era dado a jugar al Risk con sangre ajena, al menos este era de los primeros en coger la lanza y partirse la crisma contra el enemigo. Que no es que solvente el problema. Pero imagino que, a la hora de batirte el cobre contra gente que ni te ha hecho nada, ni conoces ni quieres conocer, motiva más ver al que te da las órdenes encabezando la carga, que no sentado a cuatro estadios de distancia, comiendo aceitunas mientras tanto. De ahí que los veteranos macedonios tendieran a ver en él ciertos rasgos de su pariente Alejandro.

La batalla fue incierta, pero Pirro acabó sacando la caballería con trompa a pasear y se acabó la vaina. Eso sí, la victoria fue costosa. Los romanos se llevaron la peor parte, pero Pirro tuvo pérdidas considerables, tanto cuantitativa como cualitativamente. Se atribuye a ese momento la primera de sus frases emblemáticas: «Otra victoria como esta y tendré que regresar a casa solo».

Con las citas y la Antigüedad hay que tener más cuidado que con el Vesubio en el siglo I d. C.[3]. La mayoría son poco fiables, e incluso aquellas que aparecen recogidas en fuentes escritas pueden haber sido fruto de la imaginación o conveniencia de escritores posteriores. A la hora de narrar la historia, una consigna frecuente ha sido la de no dejar que la verdad te arruinara una buena cita. Más aún cuando encaja bien con el personaje y el suceso. A mí me gustan los datos,

---

3. Fue allá por el año 79 de nuestra era cuando el Vesubio decidió pegar su petardazo más famoso, y reurbanizar Pompeya por las bravas.

pero también las leyendas y las buenas citas como al que más. Así que, con el permiso de nuestro estimado lector, nos las vamos a comer todas, sin rechistar. Con alegría, incluso.

Pronunciara o no pronunciara esas palabras, no tuvieron mucho efecto en su ánimo. Mantuvo sus intenciones y, tras —casi— lograr que Roma aceptara sus exigencias, al año siguiente reemprendió la guerra. Tocó montar el circo en las proximidades de Asculum, ciudad que daría nombre a la batalla. Una vez más, Pirro salió vencedor. Una vez más, sus pérdidas fueron tales que no encontró motivo para la alegría. Aquí se le atribuye la segunda cita célebre (Baker, 2007, p. 43), que parece un corolario de la primera: «¡Con otra victoria como esta, estaremos acabados!».

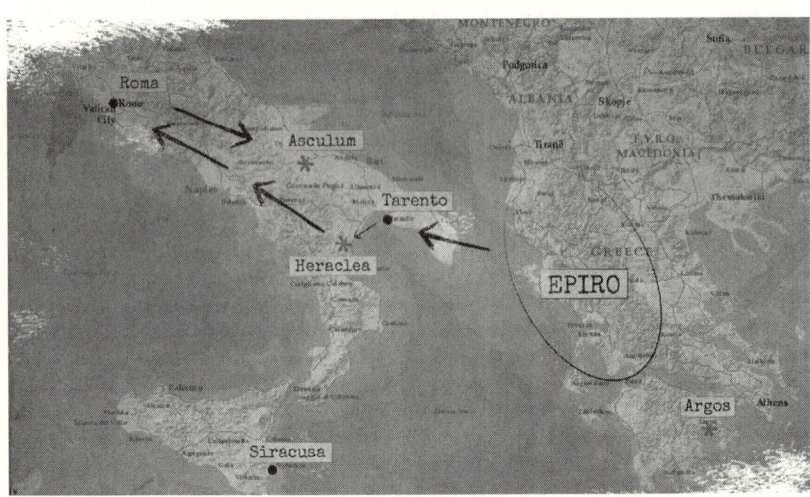

Guerras Pírricas (280 a. C.-270 a. C.) y otras batallas destacadas de Pirro. Elaboración propia.

En realidad, ya lo estaban. Casi todo el peso de las bajas en combate había caído sobre las tropas de origen griego, un contingente que no tenía posibilidad de recuperar. Y no solo por la distancia, también porque en Grecia se acababa de producir la batalla de las Termópilas.

No, esa no. Borra a Xerxes y a la selección espartana de *crossfit* de tu mente. Esta es otra batalla de las Termópilas. Aquí las tribus galas, dirigidas por Breno, se enfrentaron al ejército combinado de etolios, beocios, atenienses y focidios. No hubo heroica resistencia helena en esta ocasión y los galos entraron hasta la cocina, llegando a saquear Delfos. Fueron derrotados en su retirada, pero dejaron a los ejércitos locales tiritando, y a sus estados poco dispuestos a proporcionar nuevos apoyos a Pirro. Como resultado, el epirota, que había vencido todas sus batallas en suelo itálico, dio la guerra por perdida, certificando el término «victoria pírrica».

Como contamos al principio, su historia dio para más. Embarcó a Sicilia, a petición de la ciudad de Siracusa, y casi conquista la isla al completo. Llegó a ser proclamado rey, pero no logró expulsar a los cartagineses del todo. Volvió a Italia, sin mucho éxito, y retornó a Epiro con una pequeña parte de las tropas que se había llevado. Tomó Macedonia, peleó contra Esparta y acabó muriendo en Argos, después de que le tiraran una teja a la cabeza.

Lo que lees.

Un final poco épico para semejante carrera. Aunque, considerando el espíritu del presente libro, nos lo han puesto a huevo. Murió en combate, eso sí, que, considerando el currículum, parece apropiado para el personaje.

Pero pasaría a la historia por la capacidad de sus victorias para alejarle del éxito.

• PASSCHENDAELE•

¿DÓNDE?

Passchendaele es un pueblito belga, en la provincia de Flandes Occidental.

¿CUÁNDO?

En plena I Guerra Mundial. Se vienen movidas en el 1917. O sea, cosa fea.

¿QUIÉN?

Esta vez se van a llevar el foco los alemanes y los ingleses. Y no será la última.

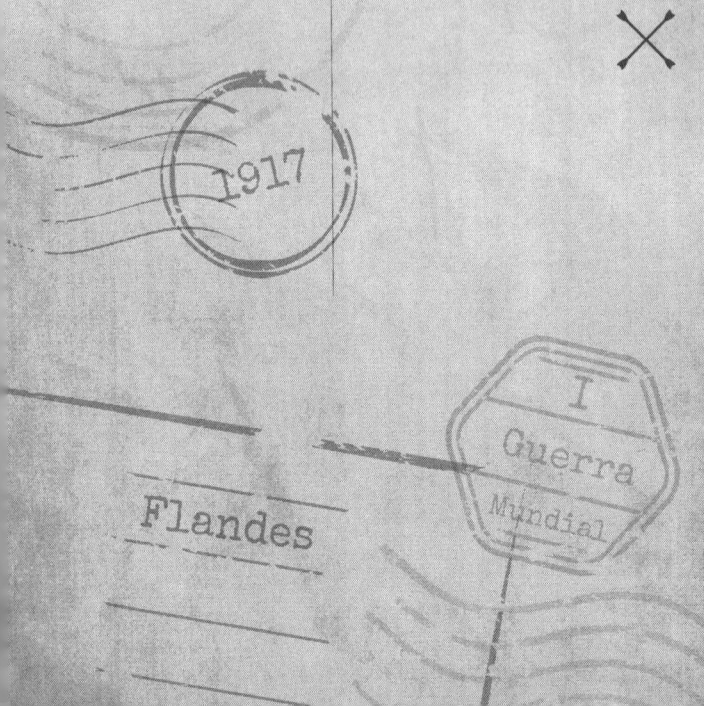

Había pensado no mencionar la Primera Guerra Mundial en este libro. No por ausencia de liadas, sino por exceso. Todo ese conflicto continental fue un megalito gigantesco, de principio a fin. Una ensalada de belicismo, soberbia, tozudez e incompetencia. Combine con errores de cálculo, asunciones fallidas y nacionalismo mal entendido. Añada un surtido de generales del siglo XIX con armas del siglo XX. Trocear las tropas y aderezar a su gusto con rencores y cuentas pendientes. Una receta perfecta. Servir en caliente durante cuatro años.

Sin embargo, daría casi vergüenza no mencionar alguna de las múltiples barbaridades del conflicto. Así que aquí tenemos una de sus grandes pedradas, que puede considerase un buen ejemplo de cómo funcionó el carnaval.

Passchendaele es un pueblo monísimo en el norte de Bélgica, en la provincia de Flandes Occidental. Tiene una iglesia románica consagrada a San Audomarus. Es famoso por su «queso de Passendale», albergando un certamen de este glorioso producto lácteo cada mes de agosto. Y, por si todo esto no fuera atractivo turístico suficiente, da nombre a una cerveza rubia, la «Passchendaele» de Izegem.

Ah, y también fue la tumba de unos quinientos veinte mil soldados.

Y eso acudiendo a las estimaciones más conservadoras, porque las hay bastante peores. Quinientos veinte mil muertos (Ham, 2016, p. 501) para que un bando pudiera avanzar ocho kilómetros. Ocho. Ocho mil metros. Cinco millas. Tres mil doscientos ochenta pies. Unos ochenta y ocho campos de fútbol, de los pequeños, tamaño equipo de tu pueblo. Ya se sabe que ninguna distancia o superficie ha quedado establecida hasta que se ha traducido a la unidad estándar universal: el fútbol.

Sesenta y cinco fallecidos por metro conquistado.

Casi seis mil víctimas por campo de fútbol recorrido.

Era junio de 1917. La Primera Guerra Mundial llevaba más de tres años en marcha. Ya no había ni panfletos, ni discursos, ni vainas que hicieran pensar en un desfile rápido y glorioso. Se habían acabado los sueños de volver a casa por navidad y los mensajitos patrióticos empezaban a resbalarle a la mayoría de la gente. Eventos como Verdún y el frente del Somme habían disipado cualquier duda sobre el cariz de la contienda. Una lenta partida de Stratego sobre el barro, donde los generales no tenían ningún problema en sacrificar todas las fichas, propias o ajenas.

Uno de esos generales —mariscal de campo, en realidad— era Douglas Haig, comandante en jefe de las tropas del Reino Unido en Francia, y tenía la moral por las nubes tras una reciente victoria. Así que, motivado, decidió que había que avanzar por los alrededores de Ypres. Ypres era importante. Dominando el área al norte y al este de la ciudad, se podía alcanzar la costa y, con ella, las bases de submarinos alemanes que diezmaban la Royal Navy.

Tan importante era que los alemanes ya habían intentado hacerse con la ciudad en dos ocasiones, en 1914 y 1915, sin éxito. De ahí que a esta batalla se la conozca oficialmente como la «tercera batalla de Ypres», de la cual Passchendaele sería solo un capítulo. A nosotros nos gusta la otra versión, que asigna el nombre por su objetivo, la «batalla de Passchendaele». Pero no nos vamos a poner tampoco pejigueros, así que el lector puede llamarla como le dé la gana. Siempre que comience con «la absurda y aberrante batalla de...».

Además, es un inicio de frase s-u-p-e-r-utilizable a lo largo de la historia.

Como decíamos, Haig pensó que esta era la buena. La definitiva. Ahora sí. Los hados y la historia están de nuestra parte. Mentalidad de tiburón y vista al frente. Por la patria. La gloria nos espera. Vamos, muchachos, que nos los comemos. A darlo todo. Estos boches no nos duran un asalto. Mañana desayunamos en Ypres, por mi mostacho. Palmadita en la espalda y, hale, a la trinchera.

Los soldados, que lo que querían era estar de vuelta en Durham y cenar pudin con su abuela, debieron mirarse de reojillo. Hay que recordar que Haig ya había estado al mando en el Somme, donde había debilitado al ejército alemán..., a costa de más de trescientos mil soldados británicos y aliados. Como antecedente, no era muy halagüeño. Pero, a estas alturas, las tropas de ambos bandos estaban ya acostumbradas a las iniciativas peregrinas de sus superiores.

Lo de los arrebatos y cabezonerías de comandantes, generales y mandos militares en la Primera Guerra Mundial es para tratarlo aparte. Parece un *sketch* de comedia negra. Pero negra, negrísima. Bienaventurados los británicos, que tan bien lo reflejaron en la extraordinaria serie *Blackadder*. Recomendación para el que pueda verla. Es una manera de poder llegar a reírse con esta desventura. Es eso, o coger un Mauser[4] y hacer visitas selectivas.

El caso es que Haig, confiado, decidió asaltar primero Passchendaele, que estaba a solo trece kilómetros de Ypres. Y como estaba ocupada por los alemanes, lo primero que hizo fue bombardear toda la zona. Artillería a saco. Como si los proyectiles no costaran. Dados los antecedentes, es probable que los soldados agradecieron que no les utilizaran

---

4. El Mauser 98 fue el fusil emblemático de las tropas alemanas en la I Guerra Mundial. El nombre original era «Königlich Württembergische Gewehrfabrik» pero a ver quién graba semejante parrafada en la culata.

como escudo humano, por una vez. Al menos, no desde el principio. Así que no parecía mal sistema.

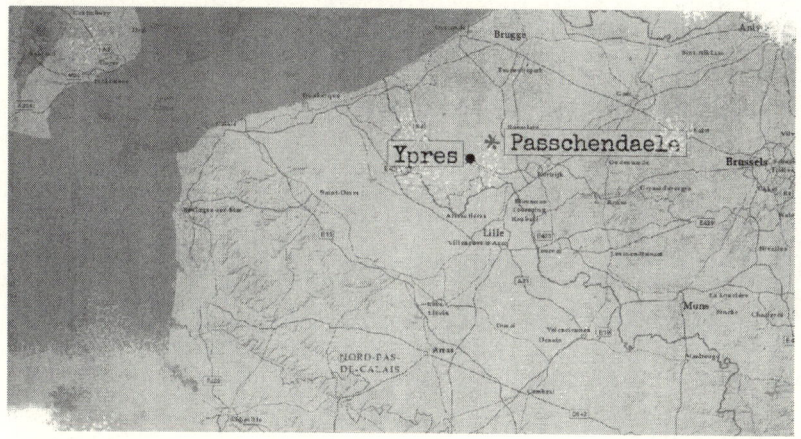

Ubicación de Passchendaele y la ciudad de Ypres.
Elaboración propia.

En este momento, es menester apartarnos de la historia y hablar de otro de mis temas favoritos: el suelo. El suelo es un concepto interesante. Mucho más complejo de lo que parece. No es una mera sucesión de capas de áridos de diferente granulometría. Es un ente dotado de estructura. Y su comportamiento se deriva tanto de su composición química como de su estructura física. Y digamos que esa estructura física no se ve beneficiada del impacto repetido de proyectiles explosivos.

Imagine el lector una sucesión de explanadas constituidas por arena, limo y arcilla, que requerían de intensivas redes de drenaje para poder ser cultivadas. Imagine, también, que todos los horizontes superficiales se han visto destruidos por las bombas y que las redes de drenaje han sido volatilizadas, una y otra vez, desde el inicio de la guerra. Imagine, por último, que dichas redes han sido reconstruidas en parte, varias veces, por personal especializado. Pero esto es la guerra, al fin y al cabo, y no te has traído la artillería para dejarla guardada. Así que sometes ese terreno arcilloso a tres meses consecutivos de bombardeo intenso. Después de algo así, lo único que necesitas para liarla es que te caiga un chaparrón.

Imagine.

Pues eso.

El tema de la climatología no fue asunto menor durante la Primera Guerra Mundial. De hecho, hubo sesudos debates sobre el tiempo atmosférico de Flandes. Los británicos tenían una sección meteorológica, que llegó a disponer de más de noventa miembros a finales de 1917. Pero los estudios son algo contradictorios. Los más recientes indican que, en cierta medida, era lógico que el mando aliado no esperara grandes precipitaciones durante la ofensiva veraniega. Pero, por algún motivo, los meteoros osaron actuar con autonomía. Durante esa ofensiva cayó la del cristo. En agosto, ciento veintisiete litros por metro cuadrado, concentrados en pocos días. Agua a mansalva, hasta el punto de disminuir de forma drástica la visibilidad. Y de empapar el suelo de manera que personas, animales o máquinas apenas podían dar dos pasos.

La precipitación combinada de lluvia y proyectiles de ciento cincuenta y cinco milímetros se prolongó también durante septiembre. Y llegado octubre, era de esperar que las cosas no mejoraran. Y no lo hicieron. Los informes emitidos en el transcurso de esos largos meses de combate califican el campo de batalla en los alrededores de Ypres de diferente manera, pero oscilan entre «cenagal impracticable» y «barrizal mortal». Y esta última descripción es tan certera que asusta.

Fotografía del estado del campo de batalla en Passchendaele tras el uso de la artillería y la lluvia. Frank Hurley (1917).
Dominio público.

Sobre ese escenario se desarrolló la llamada tercera batalla de Ypres, que fue una prolongada sucesión de ataques, contraataques y retiradas. Batallas de Boezinge, Langemarck, Westhoek, Polygon, Colina 70..., muchos nombres diferentes, para describir un infierno operativo. Armas inutilizadas. Tropas atrapadas en el barro, rematadas por sus enemigos cuerpo a cuerpo. Errores en el cálculo de artillería, que bombardeaba posiciones ocupadas por su propio ejército. Tanques incapaces de avanzar o retroceder. Soldados que se ahogaban en lo que parecían charcos, pero resultaban ser profundas fosas causadas por las explosiones. Unidades vagando perdidas en el campo de batalla. Órdenes canceladas en el último momento. Avances sigilosos..., a la luz de la luna, y a la vista de los francotiradores. La tozudez de continuar repitiendo las mismas maniobras una y otra vez.

Los mandos sacrificaban un suministro continuado de peones en el tablero, casilla adelante, casilla atrás. Por el camino hubo pequeños avances que permitieron a los aliados aproximarse a un pueblo que, en realidad, solo era un emplazamiento auxiliar, para ocupar una posición secundaria, que debía permitir atacar un objetivo.

El 6 de noviembre de 1917, Haig, ufano y satisfecho, comunicó al mando aliado su victoria: Passchendaele había caído. Por el camino, unos doscientos sesenta mil soldados aliados muertos o desaparecidos, y otros tantos alemanes, se perdieron la celebración. Cifras en el rango bajo de las estimaciones, porque no hay necesidad ninguna de exagerar una tragedia que ya lo era, con mayúsculas.

Los aliados consideraron que Passchendaele tuvo cierto éxito, obligando al ejército alemán en Flandes a centrarse en esta posición. Lo cierto es que, aunque Ypres fue consolidado, la base de submarinos no se vio afectada.

El Estado Mayor alemán llegó a poner por escrito: «La batalla de Flandes de 1917 había llevado a Alemania a una destrucción segura» (Edmonds, 1991, vol. II, p. 433). Por su parte, David Lloyd George, que fue primer ministro británico desde 1916 hasta 1922 —es decir, durante los últimos dos años de la guerra y durante la Conferencia de Paz de 1919— declaró que Passchendaele había sido uno de los mayores desastres de la guerra, así: «... ningún soldado suficientemente inteligente defendería ahora esta campaña sin sentido». Mérito de Passchendaele haber sido capaz de poner de acuerdo a vencedores y vencidos, si es que alguien puede ubicarse entre los primeros.

En el conjunto de la Primera Guerra Mundial, esta batalla no fue la más sangrienta en número de bajas ni la que las causó con más rapidez. Pero pocas sacrificaron tanto por tan poco.

A propósito, tras la guerra, Haig obtuvo los títulos de conde, vizconde y barón. Cosas de la vida.

• EGOSPÓTAMOS •

¿DÓNDE?

Nos vamos a los Dardanelos, o estrecho de Gallipoli, ese trocito de mar que separa Asia Menor de la Europa continental, y da acceso al Mar de Marmara (y luego al Mar Negro) desde el Mediterráneo.

¿CUÁNDO?

Se nos va acabando el siglo V a.C. Para ser precisos, era el año 405 a.C.

¿QUIÉN?

Aquí tenemos a los sospechosos griegos habituales: Atenas y Esparta. Ya saben, el Barça Madrid del Egeo.

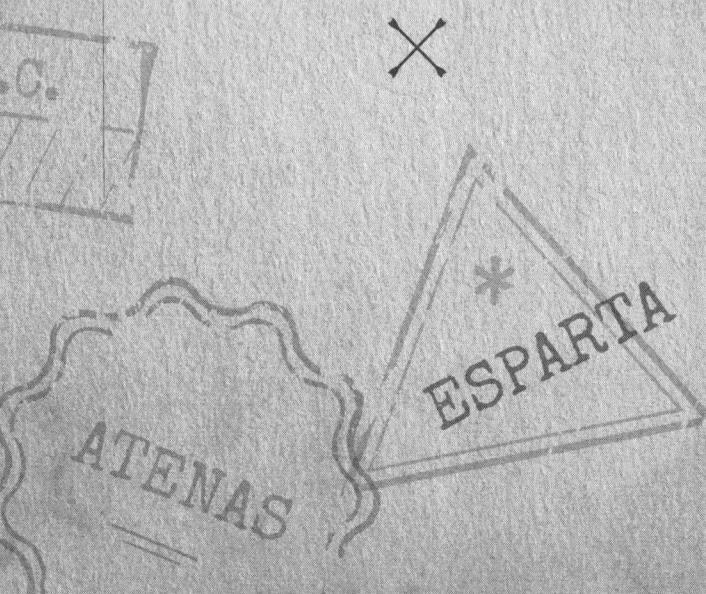

¿Se imagina el lector estar veintisiete años en guerra continua y perderla de golpe por un despiste? Pues remánguese la clámide[5], que vamos a mojarnos.

Bienvenidos al «río de la cabra».

Grecia clásica. Otra vez. Lo sé, soy muy pesado. Esta es la última en el presente libro, prometido. Los estados helenos estaban en plena guerra del Peloponeso. El conflicto enfrentaba a la Liga de Delos con la Liga del Peloponeso. Es decir, Atenas contra Esparta. Un clásico. El Madrid-Barça del Egeo. Nunca hubo mucho cariño entre áticos y lacedemonios. Pero desde el 431 a. C. la cosa se complicó.

Antes de eso, de todas formas, ambas ciudades estado llevaban en pasivo agresivo cincuenta años. La Atenas de Pericles había alcanzado una posición hegemónica en la región y a Esparta eso le gustaba menos que ver a un ilota[6] con derechos. La Pentecotecia, nombre del período de casi cincuenta años que transcurrió desde la segunda guerra médica —la de las Termópilas, Salamina y Platea, en el 480-479 a. C.— hasta el inicio de este conflicto, había sido un paseo ateniense. La Liga de Delos, coalición de ciudades-estado

---

5. Capa corta y ligera, hecha de lana, usada por los griegos clásicos. «Abriga sin estorbar en combate».
6. Siervos espartanos, desprovistos de derechos ciudadanos. Bullying pero a lo bruto.

surgida para hacer frente a Persia, se había convertido en un rodillo ateniense. Frente a ella, la Liga del Peloponeso, liderada con mano firme por Esparta, trataba de mantenerse a flote y dar por saco a los atenienses.

Cual guerra fría, de nuevo, los dos bloques se ponían mala cara y aprovechaban a sus aliados para tensar la cuerda y desgastar al rival.

Ya entre el 460 a. C. y el 445 a. C. ambos bandos habían participado en una serie de conflictos y enfrentamientos militares menores, en la llamada primera guerra del Peloponeso, que llevó a la firma de la Paz de los Treinta Años. Muy optimistas, los colegas, porque apenas duraría trece.

En la antesala de la segunda guerra del Peloponeso, se produjeron varios eventos significativos. Por un lado, la guerra entre Córcira y Corinto. Por otro, una jartá de pequeñas movidas, como la defección de Potidea —que se las pira de la Liga de Delos con apoyo extranjero— o el Decreto de Megara, una sanción económica a esta ciudad que los deja tiritando.

Lo de tocar las narices con las sanciones económicas viene también de lejos.

En fin, ante lo caldeado de la situación, la Liga del Peloponeso se reunió en Esparta en el 432 a. C. y concluyó que los atenienses habían roto los acuerdos firmados.

Al carajo la Paz de los Treinta Años. *Habemus* guerra. Tan larga y embrollada fue que se suele dividir en fases.

Primero tenemos la guerra arquidámica, en la que cada bando sacó a relucir sus fortalezas: Esparta con sus tropas terrestres, que invadieron el Ática, y Atenas con su poderosa flota. Los espartanos comenzaron incluso a coquetear con Persia en busca de apoyos.

Luego tenemos seis añitos de tregua, llamada Paz de Nicias. Aunque fue una paz de aquella manera. Para ser exactos, de esa manera en la que Atenas apoya un alzamiento de estados del Peloponeso, que obliga a espartanos y tegeatas a partirse las grebas contra sus vecinos.

De buen rollito anda la historia sobrada.

Después llega la expedición a Sicilia, ya en el decimoséptimo año de la guerra. Se lía jarana entre varias ciudades sicilianas y Atenas se planta allí para ayudar a uno de sus aliados. Lo hace desembarcando con todo el circo y con ideas que iban más allá del apoyo altruista. «Llegamos y nos hacemos con el cotarro», debió de pensar Alcibíades, un paisano ateniense de buena familia y líder de la expedición. Este personaje da para un libro él solito. Más tarde, como tenía pendiente un juicio en Atenas, acabó pasándose a los espartanos y les advirtió de la amenaza que representaba la expedición siciliana. Así que Esparta les devuelve a los atenienses lo sucedido en la Paz de Nicias, apoyando con tropas a la ciudad siciliana de Siracusa.

Resultado: Atenas se pegó una trompada importante.

Comenzó ahí la última fase, llamada la guerra de Decelia. Decelia era un demo cercano a Atenas, estratégico, que fue ocupado y fortificado por los espartanos, cerrando el acceso ateniense a múltiples recursos —tierras de cultivo, minas de plata de Laurión— y poniéndoles en un brete. Los áticos que seguían en Sicilia fueron masacrados. Casi parecía el fin de Atenas.

A propósito, adivine el lector quién recomendó la operación de fortalecer Decelia, asfixiando así a Atenas.

Alcibíades.

Maravilloso. Guárdame, Atenea, de tus aristócratas.

Ante el apuro, se produjo una revolución en Atenas y unos cuatrocientos oligarcas tomaron el poder y se plantearon una posible paz con Esparta. Pero la recién reconstruida flota, último recurso militar que le quedaba a la ciudad, dijo que «un oboe *pa* ti», que de oligarquía nada. Se rebeló y nombró líder a Alcibíades.

Sí, el mismo que les había traicionado antes.

Ya ve, querido lector. En el Mediterráneo, a veces hemos tenido un criterio cuestionable para elegir a nuestros líderes. Cosas exclusivas del pasado, imagino. Eso hoy en día ya no sucede.

El tal Alcibíades, pese a su traición previa, contaba con influencia entre la ciudadanía ateniense. Lo más curioso de todo es que no les salió mal la cosa. Al menos, al principio. Evitó que la flota se volviera contra Atenas, logró restaurar la democracia y consiguió varias victorias decisivas, llegando a aniquilar la flota espartana.

Míralo, el Alcibíades, que parecía un señorito traidor y al final va a ser el salvador de Atenas.

Spoilers: no.

Una derrota menor hizo que Atenas eligiera como nuevo general a Conón, que debutó con buen pie. Por su parte, los espartanos eligieron como navarco[7] a Lisandro, un hábil estratega que, en este caso, no era miembro de la familia real de Esparta. Además, tenía buenas relaciones con Ciro el Joven, el príncipe persa, hijo de Darío II. Sí, el Ciro de la Anábasis de Jenofonte. Teníamos presupuesto limitado para secundarios en este libro y los estamos reutilizando. Además, así no nos abrumamos con un exceso de nombres.

Seguimos. Lo de Ciro no es baladí. Antes, como ahora, lo bueno de ser amigo del hijo de un millonario es que te facilita mucho financiar tus proyectos.

---

7. El «Capitán del Navío». En términos prácticos, corresponde al cargo de Almirante en la Grecia clásica.

Así fue como Lisandro reconstruyó la flota espartana rapidito. Sin *renting*, ni *leasing*, ni préstamos personales, ni nada. Cuando lo logró, listo como era, salió a todo remo con sus barcos hacia el Helesponto, también conocido como los Dardanelos o el estrecho de Gallipoli. Este paso, que separa Asia Menor de la Europa continental, es el único acceso marítimo al mar Negro. Al bloquearlo, cerró el paso a los suministros de trigo que llegaban a Atenas de las fértiles tierras de las ciudades griegas del Quersoneso, en la actual Crimea.

La misma Crimea de Balaclava, sí. Ya lo he dicho antes, presupuesto limitado. También para las localizaciones.

Egospótamos y otros lugares relevantes.
Elaboración propia.

Ajústese la fíbula el lector, que llevamos más de mil palabras de introducción, pero vamos a ventilar la batalla que hemos venido a contar en tres párrafos. Ahí es nada.

Ante el bloqueo, Atenas no tuvo más remedio que tomar la iniciativa, porque lo de pasar hambre siempre sienta mal. Conón llegó al Helesponto con sus ciento ochenta trirremes, esquivando los radares, en busca de Lisandro. Pero la ciudad que quería pillar, Lámpsaco, ya estaba en manos espartanas, con la flota a buen recaudo. Así que, apurando frenada, continuó hasta Egospótamos, el «río de la cabra» una playa cercana, ubicada en la desembocadura de dicho curso de agua.

Al día siguiente, los atenienses salieron en busca de las doscientas naves espartanas, pero estas eludieron el combate y regresaron a Lámpsaco sin cruzar espolones. *Broncus interruptus*. Cuatro días salieron los atenienses buscando el enfrentamiento. Cuatro días bailaron los espartanos fuera del alcance real de su enemigo, para volver a refugiarse en Lámpsaco. Los atenienses comenzaron a estar un poco apurados, pues Egospótamos no es que fuera Manhattan. Así que Alcibíades, el brillante Alcibíades, el *cambiacamisas* Alcibíades, que estaba exiliado y residía, manda narices la coincidencia, en las proximidades, se acercó y recomendó a Conón que, en lugar de retornar a Egospótamos, se refugiaran en Sesto, ciudad cercana a Lámpsaco, donde tendrían puerto y ciudad y podrían reabastecerse en condiciones. Sin embargo, los generales atenienses no le bailaban mucho el agua a Alcibíades y convencieron a Conón de olvidarse de experimentos y volver a Egospótamos.

Llegó el quinto día. Conón partió de nuevo con sus naves en busca de los espartanos, pero decidió que, al carajo, que iban a fondear en Sesto. Y punto. Que necesitan provisiones y un puerto decente. Y Sesto lo tenía, pues era una de las principales ciudades de la región. Después de que Lisandro, una vez más, no asomara ni la proa, las naves atenienses regresaron al puerto y fondearon en la playa. Los marineros se dispersaron para aprovisionarse.

Y dejaron los trirremes en la costa. Con los remos listos y las llaves puestas.

He aquí que, justo en ese momento, Lisandro, ya sea alertado por alguien o fruto de su instinto táctico, salió con sus doscientas naves. Cruzaron el estrecho cual planeadora en Gibraltar y cayeron sobre el puerto de Sesto mientras los soldados andaban por ahí, recogiendo aceitunas.

Y así, en menos de lo que se dice «kudos»[8], Lisandro se hizo con el total de la flota ateniense sin disparar una sola flecha. Más de ciento setenta trirremes y tres o cuatro mil marineros atenienses, capturados y patidifusos. A Conón se le debió de caer hasta la dentadura. De todas formas, el mando ateniense estuvo lo bastante despierto como para liderar a un pequeño grupo de marineros, devolver nueve naves al mar y salir a todo remo. Una de ellas fue enviada a Atenas, para comunicar la alegre noticia de la aniquilación de la esencia militar ática: su flota.

Aquí algunas fuentes disienten sobre el desarrollo de la batalla. Diodoro de Sicilia señala la posibilidad de que algunas de las embarcaciones se hubieran hecho a la mar antes de todo el jaleo, tal vez tratando de tentar a los espartanos y que el movimiento saliera mal. Sin embargo, Jenofonte, nuestro querido Jenofonte, cronista oficial en este libro, dice que un pimiento. Que les pillaron con los pantalones bajados y que ni una sola nave presentó batalla marítima.

Fuera como fuese, las consecuencias serán las mismas. La Liga de Delos se derritió cual cera de Ícaro. Atenas, tras me-

---

8. En griego significaba alabanza, o gloria. En inglés se comenzó a usar como forma de dar la enhorabuena por algo. Por ejemplo «¿De verdad te estás leyendo mi libro? ¿Y vas a comprar el siguiente? ¡Kudos!»

ses de sitio, desarmada y hambrienta, se rindió. Sus murallas fueron demolidas. Sus fortificaciones, destruidas. Perdió sus posesiones externas y debió convertirse en aliada, a la fuerza, de Esparta.

Egospótamos, la batalla del «coge tú el trirreme, que a mí me da la risa», representó no solo un humillante desliz táctico. También puso fin al siglo de oro ateniense y a su posición de predominio. Comenzarían, entonces, tres décadas de hegemonía espartana. Atenas cedería la corona a su archienemigo, que solo la perdería años después, ante la llegada de la extraordinaria Tebas de Epaminondas[9].

A propósito, es importante señalar que, durante estos últimos eventos, incluyendo la batalla de Egospótamos en sí, Lisandro no era, de forma oficial, navarco de la flota. La ley espartana prohibía que la misma persona ocupara dos períodos consecutivos el mismo cargo. Pero Esparta sabía lo que se jugaba y tenía, además, la presión de Ciro el Joven para que Lisandro fuera el que encabezara las operaciones. Así que se limitó a nombrar a un jefe nominal, hombre de paja, mientras que Lisandro ocupaba el puesto de segundo

---

9. Todo el mundo hace pelis de atenienses y espartanos, pero los Tebanos del siglo IV a.C. fueron cosa fina. Revolucionaron el combate, se comieron a los hoplitas espartanos con bravas y ensaladilla, y sentaron las bases para la innovación militar que heredarían Filipo II de Macedonia y su hijo, un tal Alejandro Magno. Casi ná.

al mando, aunque líder efectivo de la armada. Como si fuera un entrenador de fútbol sin licencia.

Y es que, en la guerra, las normas están muy bien. Pero, a veces, toca pasearse por el borde.

• LA BATALLA DE GRUNWALD •

¿DÓNDE?

Estamos en la antigua Polonia, cerca de los territorios teutónicos. Al norte de la actual Varsovia.

¿CUÁNDO?

Comienzos del siglo XV. Casi toda la pedrada sucede en el 1409.

¿QUIÉN?

Tenemos por un lado al reino de Polonia y al ducado de Lituania, y a la Orden de los Caballeros Teutónicos por el otro.

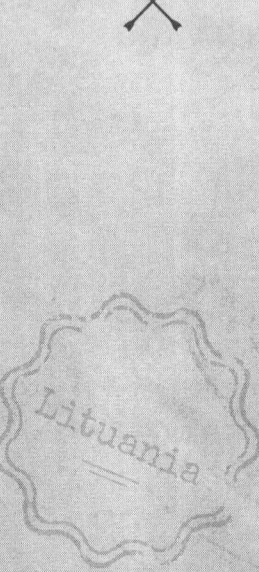

Algunas liadas son merecidas. Por chulería. Esta es una de ellas. De hecho, sin ciertos detalles, Grunwald habría sido una batalla más. Un momento histórico para los vencedores, sí, porque lo hicieron con las apuestas en contra. Pero la diferencia tampoco era tan abismal como para que nos llevemos las manos a la cabeza. Sin embargo, uno de los personajes destacados de esta milonga quiso marcarse un punto para la historia.

Y vaya si lo hizo.

Nos vamos al siglo XV. La Orden de los Caballeros Teutónicos del Hospital de Santa María —o la Orden Teutónica, para abreviar— estaba asentada en territorios del norte de Europa. Para ser más precisos, en la costa de la actual Polonia y en los estados bálticos.

Bueno, vamos a retroceder un poco más. Casi dos siglos. Resulta que en 1195 el papa en funciones, un tal Celestino III, decidió que no le bastaba con las cruzadas que ya se habían organizado. Como la de los Santos Lugares o la de la península ibérica. Que ese producto tenía fuerza y recorrido y no se estaba monetizando lo bastante. Cruzada, vaya idea buena. «La gente del futuro se va a flipar con el rollo este». Además, por entonces, en el norte de Polonia había muchos paganos. Gente salvaje e infiel, de esa que lleva *piercings* y escucha *heavy metal*. Así que el buen Celestino proclamó una nueva cruzada, esta vez, contra las tribus bálticas. Nada como difundir un mensaje de amor a base de espada y fuego. Por lo visto, la fe con sangre entra.

Años después, en 1226, Federico II, emperador del Sacro Imperio Romano, le encomendó a la Orden Teutónica luchar contra los citados paganos polacos. A cambio, se podían quedar con los territorios conquistados. Ofertaza. Para completar ese «todo incluido» medieval, un conde polaco les entregó el territorio conocido como Chelmo — Kulm—, a cambio de que le ayudaran a luchar contra los prusianos. En menos de lo que se dice «hospital», se había creado el Estado monástico de los Caballeros Teutónicos, una entidad que dejaría gran impronta en esa región.

Llegado este momento, sería necesario hablar un poco de la Orden Teutónica.

Las órdenes militares son parte de la historia medieval. Monjes soldados. Entrenados y equipados a la última. Uniforme vistoso y cañero. Mirada al infinito. Y un código férreo. Carne de Hollywood. Yo mismo debo admitir haber sido presa de la fascinación por alguna de ellas. Los Templarios. O los Hospitalarios. Basta con pensarlo y ya te sale una película guapa. También las tuvimos aquí, en España.

La Orden de Calatrava[10], la de Santiago, la de San Marcos de León, Alcalá de la Selva, San Julián del Pereiro-Alcántara, Monfragüe, Évora-Avís, Montesa... En el siglo XII estaban de oferta. Ideales místico-religiosos, código riguroso y disposición militar. Una herramienta eficaz, apropiada para determinados fines. Sobre todo, en momentos convulsos en lo que a fronteras y territorios se refiere.

Se podrían escribir cien libros sobre ellas.

De hecho, debe haber unos doscientos, así que tampoco nos vamos a extender mucho aquí.

Baste decir que, a mitad del mismo siglo XII, los llamados Caballeros Hospitalarios, de procedencia germánica, se habían convertido en gestores del hospital de Jerusalén. De hecho, su nombre era el de Orden de los Caballeros del Hospital de San Juan de Jerusalén A lo largo de los primeros años del siglo XIII, la Orden pasa de alojar peregrinos a convertirse en una orden militar, al estilo templario, y serán conocidos como Orden Teutónica. Muy civilizado todo. De ahí la llamada del emperador Federico II.

Su entrada en el norte de Europa los lleva a luchar en Hungría, Prusia, Lituania y Livonia. Esta última región, que

---

10. Nadita que ver con el arquitecto. Sus puentes se construyeron en tiempo y forma.

engloba, más o menos, las actuales Estonia y Letonia, tenía gran presencia danesa y germánica, siendo de importancia para el comercio báltico.

En 1402, la Orden Teutónica había alcanzado su máxima extensión territorial, abarcando de Pomerania a Estonia, pasando por Prusia, Samogitia, Livonia o Gotland. Hablamos del tipo de poderío que se conseguía, no tanto difundiendo la palabra de Dios —del que corresponda—, como dando palos y arruinándole la vida al vecino. Y los teutónicos habían practicado esta premisa con asiduidad.

De hecho, el ducado de Lituania, que se mantenía pagano, estaba harto de ser destino turístico de las cruzadas germánicas. Aquello parecía Mallorca en temporada alta. «Al carajo», dijo Jogaila, gran duque de Lituania, dispuesto a capitular en lo religioso. Aceptó ser bautizado como católico, con el nombre de Vladislao II Jogaila, o Jagellón, y se casó con la reina Jadwiga —Eduviges— de Polonia. Esto unificaba ambos territorios.

Hay que señalar que la intención parecía ser evitar todo conflicto. La primera opción para Jogaila —o Vladislao II, depende de cómo quieras llamarlo—, de madre rusa, había sido casarse con la hija del príncipe de Moscú. Pero este le exigía su conversión al cristianismo ortodoxo. Y la Orden Teutónica consideraba a los ortodoxos como cismáticos, casi paganos, por lo que había grandes posibilidades de que esto no acabara con la amenaza militar. Así que Jogaila, o Vladislao ya, optó por Eduviges —o Jadwiga, qué obsesión por cambiarse los nombres, leñe —, apenas una niña, pero católica.

Por su parte, Polonia también ansiaba este acuerdo. Andaban preocupados por los impulsos expansionistas del Sacro Imperio Romano, en su frontera oeste. Además, carente de heredero varón, la sucesión había sido compleja. Tanto que cuando la jovencísima Eduviges fue coronada, lo había sido como rey, y no como reina, para remarcar así su derecho al trono. En cierta medida, podríamos llegar a afirmar que esta boda se celebró entre dos reyes.

Este libro es una joya de anécdotas.

Eso sí, estamos empezando a tirar mucho nombre raro entre párrafos, así que mejor vamos a hacer un resumen de los principales actores implicados.

EL CASTING:

- Vladislao II, Jagellón (o Jogaila) - gran duque de Lituania.
- Eduviges (Jadwiga) - rey(na) de Polonia, se casa con Vladislao II.
- Gran maestre Ulrich von Jungingen - el boss de la Orden Teutónica. El «sobraete» de esta historia.

- Vytautas - hermano de Vladislao II. Con los hermanos de los reyes siempre hay movida, pero este acabó apoyando a su bro.
- Grunwald, Tannenberg y Ludwigsdorf - tres villas cercanas al lugar en el que se van a dar de palos dentro de un par de páginas. Cualquiera vale para nombrar a la batalla.

Con las tribus prusianas paganas ya derrotadas, y Lituania convertida al catolicismo, habían desaparecido los argumentos religiosos de la presencia teutónica en la región. Pero, claro, la Orden tenía pocas intenciones de buscar nuevos pastos. Más bien parecía que, tras haber arrebatado a Polonia su acceso al mar Báltico, la idea era colonizar y germanizar todo lo que pudieran aquellos territorios.

Lo que decíamos, como en Mallorca.

Todo estaba listo para el conflicto. Tras diferentes escarceos, se produce un levantamiento en la región llamada Samogitia, bajo dominio teutónico. Lituania apoya el alzamiento, la Orden amenaza con invadirles y Polonia da un paso en defensa de sus aliados, amagando con ocupar, a su vez, Prusia. El 6 de agosto de 1409, el gran maestre Ulrich von Jungingen declara estar hasta el yelmo del asunto y, con ello, la guerra al Reino de Polonia y el Gran Ducado de Lituania. La idea teutónica era derrotar a ambos estados por separado. Aquí comienza un maravilloso carrusel de enfrentamientos, saqueos, sobornos, conspiraciones, movilización de aliados, intereses cruzados y acusaciones públicas. Todo digno del mejor George. R. R. Martin.

Incluso se acuerda una tregua que, de forma muy muy pragmática, ambos bandos aprovechan para prepararse y armarse hasta los dientes.

Ven, que no te voy a pegar.

En contra de las expectativas germánicas, en julio de 1410 un ejército combinado de polacos y lituanos invade Prusia y se dirige a Marienburg. Actual Malbork. El lector atento acaba de recibir un spoiler, de gratis. La Orden Teutónica se da cuenta de la movida y reorganiza su ejército para hacer frente a la inminente amenaza.

Toca comentar un poco el tema de la composición de ambos ejércitos. Si bien hay una enorme diversidad, dependiendo de las fuentes, parece haber un amplio consenso en el que las tropas teutónicas eran inferiores en número a sus rivales. Los polaco-lituanos habían movilizado a mercenarios de Bohemia y Moravia, tropas rutenas[11] y rusas, e incluso un

---

11. De Rutenia, una región que se sitúa, principalmente, en la actual Ucrania. Hacían una sopa de remolacha ri-quí-si-ma.

contingente tártaro de la Horda de Oro (Cavendish, 2010, web).

Por su parte, la Orden Teutónica había logrado integrar a pequeños contingentes aliados germánicos, de hasta veintidós estados diferentes. Se habla de cruzados voluntarios, vasallos de sus tierras, hombres libres prusianos, húngaros y mercenarios bohemios —al igual que en el otro bando—. Pero el corazón de sus tropas eran los Caballeros Teutones. Sobreveste blanca, cruz negra, gran yelmo..., acompañados de sus sargentos, eran una impresionante tropa de élite. Equipados, disciplinados, seguían siendo el equivalente hoplítico de la antigua Grecia. Más aún cuando contaban, como aquí, con su caballería pesada. Cada montura, junto a su jinete y pertrechos, se aproximaba a los novecientos kilogramos de peso. Casi una tonelada de carne y acero lanzada al combate, haciendo temblar el mismísimo campo de batalla. Además, habían incorporado bombardas, modernizando su composición. Las tropas teutónicas eran menos, pero, sobre el papel, mucho mejores. Y lo sabían.

Y así es como comienza, querida audiencia, una liada: infravalorando al enemigo.

Los mandos de la Orden daban por sentada su superioridad frente al numeroso pero inferior ejército lituano-polaco. No eran, al fin y al cabo, más que bárbaros paganos, disfrazados de cristianos. Además, su ejército estaba compuesto por un complejo mosaico de unidades, pertenecientes a diferentes territorios, que no se esperaba que pudiera coordinarse de forma adecuada.

Esta última suposición se dio por descartada cuando, en un movimiento sorpresa, fueron capaces de fabricar un puente flotante de casi seiscientos metros sobre el río Vístula, atajando en su ruta a Marienburg. En apenas ocho días, el ejército real recorrió noventa kilómetros, esquivando las defensas teutónicas y obligando a la Orden a maniobrar con celeridad.

Ambos ejércitos se encontraron en las proximidades de Grunwald, Tannenberg y Ludwigsdorf. El gran maestre Ulrich quería provocar un ataque polaco o lituano, así que desplegó sobre el terreno a sus caballeros, formando los primeros en el frente de batalla. Pero solo logró que se tostaran al sol.

En fin, se me agotan los símiles baleáricos.

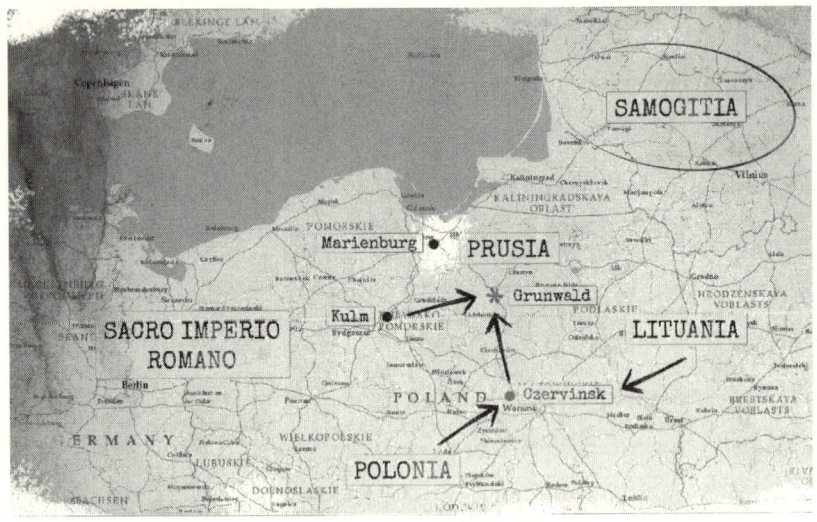

Movimientos del ejército polaco-lituano (oscuro) y teutón (claro).
Elaboración propia.

También trataron de hacer buen uso de su artillería, pero la pólvora se había mojado y apenas lograron realizar un par de disparos. Mientras tanto, sus rivales, conservadores, no tomaban la iniciativa. Ya hemos comentado que los germánicos no les consideraban como un enemigo a su altura. Así que, impaciente y, por qué no decirlo, algo ofendidito, el gran maestre envió a un duque y al heraldo imperial a reprender a Vladislao II y a su hermano Vytautas por no salir a luchar «como hombres». Para redondear la provocación, el gran maestre, en un gesto más propio de una película de sábado por la tarde, envió dos de sus propias espadas para «ayudar a Vladislao II Jagellón y a Vytautas en la batalla» (Turnbull, 2003, p. 43). Una poco velada insinuación de la deficiente preparación y dotación que se esperaba de ellos.

Ojito a la macarrada. Venga, inútil, ahí te van dos espadas para que puedas luchar, por si no tienes.

Si esto fuera una novela caballeresca, después de semejante gesto, ya sabríamos por dónde iban a ir los tiros. Este tipo de chulerías anteceden a una cura de humildad. Y de las gordas. Para sorpresa de sus contemporáneos, aquí la realidad coincidió con la ficción.

En cierta medida, el desafío funcionó, pues llevó a ambos ejércitos al campo de batalla. Según algunas fuentes, las tropas lituanas fueron aniquiladas, aunque sus restos volverían a la lucha más adelante. Esta circunstancia hizo desorganizarse a los perseguidores, permitiendo a las tropas polacas derrotar a los germánicos. Otras fuentes indican que, en realidad, los lituanos fingieron una retirada, destinada a facilitar esta maniobra. Algo que las tropas de Vytautas habrían aprendido tras sufrirlo con anterioridad en sus carnes, al enfrentarse a los mongoles de la Horda Dorada.

Fuera una maniobra de 200 IQ, o un golpe de suerte, lo cierto es que los teutónicos la liaron gorda y, aunque casi logran acabar con el mismísimo Vladislao, terminaron rodeados por sus enemigos. El propio gran maestre cayó en combate tratando de romper las líneas lituanas. Retrocediendo hacia el campamento de la Orden, los siervos allí ubicados se rebelaron contra sus señores, uniéndose a los atacantes. Tras diez horas de combate, las tropas teutónicas habían sido machacadas.

La cifra de bajas, al igual que las de tropas, es confusa. Se cuentan entre varios miles en el ejército real y otros tantos en el teutónico. Sin embargo, estas últimas fueron más relevantes, pues fallecieron gran parte de los Caballeros Teutónicos, que formaban el auténtico corazón de las tropas. Tan vergonzosa fue la derrota que la propia Orden trató de buscar excusas en traiciones internas.

La Orden conservó Marienburg, pero perdió otras muchas posesiones. El posterior acuerdo, la Paz de Thorn, impuso una alta carga financiera sobre los derrotados. Aunque pasarían años antes de que lituanos y polacos lograran materializar en ganancias territoriales esta circunstancia, lo cierto es que la derrota de Grunwald —o Tannenberg— marcó el comienzo del declive absoluto de la Orden.

Por su parte, las dos espadas usadas como macarrísima provocación por parte de los teutónicos fueron conservadas por ganadores, emblema ahora de su importantísima victoria. Acabaron, de hecho, convertidas en insignias reales, símbolo de la unión de las dos naciones: el Reino de Polonia y el Gran Ducado de Lituania. Además, se cree que fueron usadas en las coronaciones de la mayoría de los reyes polacos entre el siglo XVI y el XVIII, antes de que se perdieran en 1853.

Hoy en día siguen siendo visibles en el escudo de armas de la Comuna de Grunwald, así como en el monumento al rey Vladislao II Jagellón, erigido en Central Park, en Nueva York. E incluso en los equipos de fútbol de la región.

Sí, lo que acaba de leer.

Nada como querer marcarte un punto chulesco contra tu inferior rival y que luego él te parta la cara con tu propio regalo. Y, encima, lo convierta en el emblema de su éxito.

Todo mal, *hochmeister* Ulrich. Todo mal.

• LA REVUELTA DE NIKÁ •

¿DÓNDE?

Constantinopla, la futura Estambul. Tengo pendiente la visita.

¿CUÁNDO?

Siglo VI, apenas comenzando el año 532.

¿QUIÉN?

El protagonista va a ser Justiniano, emperador. Pero se nos van a juntar aficiones de colores. Lo que lees.

Justiniano

En este libro hemos hablado ya de una liada que derivó en coletilla deportiva. Ahora vamos a narrar otra pedrada, que surgió y terminó, literalmente, en las gradas de un escenario deportivo. Además, así visitamos el prolífico campo de las revueltas populares que salen mal, cuando no al revés de lo previsto. Que daría para otro libro entero, la verdad.

Comenzamos con el dónde. Nos vamos al Imperio bizantino, aka Imperio romano de Oriente. Estamos en su capital, Constantinopla. Solo el nombre ya impresiona. Construida sobre la antigua colonia griega de Bizancio, que habían fundado más de un milenio antes los emigrantes de Megara, se atribuía a la figura mítica de un rey llamado Byzas. Allá por el 330 d. C., el emperador Constantino I el Grande finalizó sus reformas de la vieja Bizancio y se inauguró de forma oficial como Constantinopolis, la 'ciudad de Constantino'.

Cosas que tiene el poder absoluto, que salen ciudades con tu nombre como setas.

Además, para mayor detalle, las celebraciones inaugurales se desarrollaron sobre todo en el hipódromo. Notita al respecto de este egregio edificio y su uso: durante los períodos helenísticos, romano y luego bizantino, la hípica y las carreras de carros fueron la bomba. Deporte rey. La gente se volvía loca por estas movidas. Había fanáticos de los jinetes y aurigas y de los equipos o facciones. Se apostaban los sólidos —o los nummi, si ibas corto de pecunio—, se desgañitaban los ultras y, en alguna que otra ocasión, los hooligans se partían la crisma en cualquier callejón.

A ver si nos vamos a creer que todo esto empezó con el fútbol o con los ingleses. La civilización lleva buscando excusas para insultar al de enfrente y pegarse con el de al lado desde antes de que se acuñara moneda.

Sin embargo, el hipódromo era algo más que un campo deportivo. Era un centro social. Un punto de encuentro. Sin metaverso ni Twitter, la gente tenía la extraña costumbre de juntarse en persona para compartir su tiempo, su opinión y su estado de ánimo. Y para insultar al de enfrente, pero eso ya lo hemos dicho. En definitiva, el hipódromo era uno de los centros neurálgicos de la ciudad y el de mayor importancia social. Como parte de esta experiencia, casi toda la ciudad era partícipe de la división en seguidores de los diferentes equipos de carreras (Gibbon, 1867, cap. 40, parte 3):

Los Azules (Venetii)
Los Verdes (Prasinoi)
Los Rojos (Rousioi)
Los Blancos (Leukoi)

Así de sencillo, con colorcitos. Los mismos que se utilizarían luego en otros deportes de populares medievales, como el *calcio fiorentino* italiano. En realidad, los equipos Rojo y Blanco se habían ido debilitando a lo largo del tiempo, casi absorbidos por los dos supervivientes: Azules y Verdes. Como en muchos casos de coexistencia exclusiva de dos facciones, la oposición entre ellas se radicalizó. La rivalidad llegaba a extenderse y mezclarse con asuntos ajenos a los deportivos. Estos asuntos incluían los políticos y religiosos, tema este último bastante delicado en la conflictiva historia bizantina. En este caso, los Verdes eran en su mayoría comerciantes y arrendatarios, y profesaban el monofisismo[12]. Mientras tanto, en los Azules destacaban los terratenientes y aristócratas, y practicaban, en su mayoría, el cristianismo oficial.

Vamos, que comenzaron a parecerse a una mezcla de peñas de fútbol con pandillas callejeras, fanáticos religiosos y partidos políticos. Exquisita combinación. Todo perfecto.

La infraestructura del hipódromo en sí tenía cerca de cuatrocientos cincuenta metros de largo y unos ciento trein-

---

12. Los monofisistas eran gente que creía que en Jesucristo no había dos naturalezas, al contrario que el cristianismo oficial. A esta doctrina también se le llama eutiquianismo, que me parece muchísimo más divertido.

ta metros de ancho, con capacidad para cien mil personas (Cameron, 1976, p. 277). Ojito, que esto nos da una idea del carácter popular de la actividad. La pista de carreras, con la característica forma de U, tenía, además, un palco específico para el emperador, llamado *kathisma*. Este espacio contaba con una salida de uso exclusivo para la familia imperial.

Consejo número 32: si tienes poder absoluto, cuenta con una ruta de escape absoluta, también. La corona pesa y los cuchillos aparecen en el momento menos pensado.

Vamos con el cuándo. Estamos en enero del 532 d. C. Algunos entretenimientos, como las *venationes*[13] y *pantomimas*, habían sido prohibidas en las décadas precedentes, por lo que las carreras de carros habían incrementado su peso específico en la sociedad de la ciudad. Todas las pasiones confluían en el hipódromo. Era costumbre que el emperador declarara su apoyo a una facción, glorificando aún más sus victorias. Esta falta de imparcialidad creaba un «bando del emperador», disminuyendo la posibilidad de que ambas facciones se unieran. Sin embargo, Justiniano, empeñado en ser un emperador distinto, cambió esa tendencia. Se decía que había sido pro-Azules —ortodoxos, como él— antes de ac-

---

13. Espectáculo en el que diversos animales salvajes luchan entre sí, o bien son cazados ante los espectadores. Vaya manía tenemos con disfrutar viendo a los bichejos pasarlo mal, la verdad.

ceder al trono, pero luego decidió no declararse en favor de nadie y permanecer imparcial. Su aclamación en las carreras, deseando fortuna tanto a los Azules como a los Verdes, había causado sorpresa la primera vez.

Para su decepción, su intento de neutralidad no fue tan buena idea. Estuvo a punto de ser malísima, viendo el desarrollo.

El programa imperial de Justiniano contaba con distintas líneas de actuación, que pretendían recuperar la «grandeza de Constantinopla[14]». Ya empezamos. Como hemos visto antes, ese tipo de propuestas suelen ser una puerta abierta a complicarle la vida a la gente. Y así fue. La aspiración a reconquistar territorio romano, ampliar su política de obras públicas y la gestión de su activa guerra con Persia conllevaban una necesidad muy concreta: pasta. Dinero. Presupuesto. *Cash*. *Money*, beibi. Cuando el líder supremo decide jugar a PC-Mundo, suele tocarles a los ciudadanos pagar el capricho con sus impuestos.

Las tasas se incrementaron y se aplicaron sin ambages. Esto acabó generando una ruidosa protesta alrededor de uno de los oficiales imperiales, Juan de Capadocia. Como resulta-

---

14. «Make Constantinopla Great Again», y esas cosas.

do, los antidisturbios de la época metieron a todo el mundo en cintura y, por el camino, en la cárcel. Y también se sentenció a muerte a los líderes del movimiento. Dos de ellos, en un respetable impulso por preservar la vida propia, escaparon y se refugiaron en un monasterio, dándose la casualidad de que uno de ellos era miembro de los Azules y el otro, de los Verdes.

Por ahora, va pareciendo casi una película de Hollywood. Falta que los aficionados de ambas facciones salgan a la calle juntos de la mano, en un extraordinario e infrecuente gesto de hermanamiento entre rivales deportivos, religiosos y casi sociales. Y que el emperador, conmovido, perdone a los condenados y rebaje sus exigencias, en un momento épico y precioso, que incluirá lágrimas, vítores y perritos sonrientes. O bien que un humilde auriga, valiente y honesto, sea elevado al trono y reine con justicia para alegría de sus conciudadanos.

Parte se cumplió. El resto, digamos que NO.

Los aficionados sí que decidieron unirse para pedir clemencia. Y no había mejor momento que en la siguiente carrera de caballos. Así, el 15 de enero, con un hipódromo lleno, tanto Azules como Verdes comenzaron a rogar la liberación de los condenados. Ante la ausencia de respuesta por parte de Justiniano, ambas facciones comenzaron a gritar «¡Niká, Niká!» «conquista» o «victoria», canto habitual que se utilizaba para mostrar el apoyo a tu auriga. En esta ocasión, el canto surgió de forma conjunta y atronadora, por ambas facciones. Y dirigido al emperador. Justiniano, sin embargo, permaneció inalterable.

Enardecida, la turba estalló en una violenta protesta que superó los límites del hipódromo. Arrasaron la prisión municipal, liberando a los prisioneros. Por el camino, múltiples edificios representativos, incluyendo la iglesia de la Santa Sofía, cayeron bajo el saqueo y las llamas.

En algún momento de este jaleo, algunos aristócratas debieron ver la oportunidad de utilizar el incidente para destronar a Justiniano y comenzaron a meter baza. A río revuelto… Las masas desarmadas y desorganizadas perdieron ambos «des-». Ahí comenzó a convertirse de liada con minúsculas en LIADA. Captando el peligro, el emperador propuso eliminar a algunos de los oficiales o ministros más polémicos por su ejecución de las políticas impositivas, pero no consiguió convencer a los sublevados. La protesta iba camino de rebelión y el emperador pidió a uno de sus legendarios generales, Belisario, que actuara. Con todo cristo liándola por diferentes partes de la ciudad, fracasó en su intento.

La revuelta persistió y el día 18 Justiniano buscó de nuevo el compromiso. Se dirigió al hipódromo, que se había convertido en el centro de toda la protesta, pero todas sus ofertas fueron rechazadas. Surgió entre los rebeldes la propuesta de sustituirle por Hipatio, sobrino del antiguo emperador Anastasio. Lo que se llama un golpe de Estado de libro.

Hablando de libros, lo de Hipatio sería para leer su diario. Al parecer, la criatura no tenía interés alguno en el trono, pero fue utilizado por su derecho de sangre y su bajo perfil. Desconfiando de él, Justiniano lo acabaría expulsando del palacio, junto a su hermano Pompeyo. Quedó, contra su deseo, en manos de los sublevados. Y, tal y como el mismo Hipatio temía, fue arrastrado en contra de su voluntad al trono bizantino. En ese momento, Justiniano abandonó el hipódromo y estuvo a punto de huir de la ciudad. Se dice que su mujer, la emperatriz Teodora, le convenció para quedarse.

Decidido, in extremis, a conservar su trono, Justiniano pasó a la acción. Acudió de nuevo a sus generales: Belisario y Mundo. Solo que, en esta ocasión, la mayor parte de los rebeldes no se encontraban dispersos por la ciudad, sino concentrados en el hipódromo. Mala cosa. Para los rebeldes, al menos. Además, se dice que el emperador aprovechó el rol de un eunuco liberto de confianza, Narsés, para sobornar a parte de los cabecillas Azules, que abandonaron con discreción el edificio. Las tropas imperiales entraron a saco y se estima que masacraron a unos treinta o treinta y cinco mil sublevados. De cualquier color. Gran parte de los líderes fueron capturados y sacrificados, incluyendo, por el camino, al infortunado Hipatio.

Hay contadas ocasiones en las que merece la pena no nacer en alta cuna.

Contadas, eso sí.

La ciudad sufrió un serio castigo y las detenciones continuaron durante meses. Muchas familias perdieron sus posesiones ante la sospecha de haber apoyado el alzamiento. Incluso se cerró el hipódromo y se prohibieron las carreras durante cinco años.

Invito yo a cualquiera de nuestros gobernantes a prohibir el fútbol cinco años. O uno. Buena suerte.

Eso sí, todo este terrible desastre terminó siendo ventajoso para Justiniano. Confiscó numerosísimas propiedades, devolvió a sus puestos a los oficiales que quiso y eliminó cualquier posibilidad de revuelta por parte de la población y de las familias que conspiraban contra él. De hecho, pudo cambiar las leyes para disminuir el poder de la clase senatorial. Su nueva posición de fuerza y recursos renovados le permitieron reconstruir la nueva y espectacular Santa Sofía. Y redactar su Código Legal —el Código de Justiniano— sin oposición, creando uno de los documentos jurídicos más influyentes de la historia occidental.

La revuelta ciudadana conllevó la masacre de gran parte de sus participantes. Y el intento de golpe de Estado senatorial derivó en una pérdida de poder para los senadores. Liadita.

¡Niká!

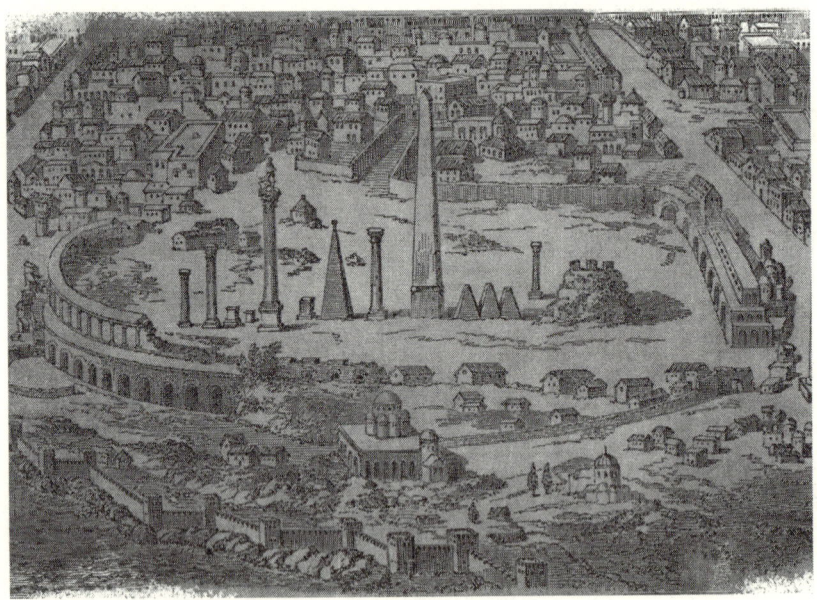

Ruinas del Hipódromo de Constantinopla. Onufrio Panvino (1600). Dominio Público.

A propósito, el hipódromo fue destruido y saqueado, junto a gran parte de la ciudad, durante la Cuarta Cruzada. Ya saben, esa espectacular operación logística que tenía que trasladar a las fuerzas cristianas a la costa de Siria para combatir a los musulmanes. Pero que acabó con la conquista y saqueo de Constantinopla.

Que era también cristiana.

Cosas que pasan.

• GUERRA DEL PARAGUAY O DE LA TRIPLE ALIANZA •

¿DÓNDE?

Se nos juntas varios países aquí: Argentina, Brasil, Uruguay y, cómo no, Paraguay.

¿CUÁNDO?

Mitad del siglo XIX. Entre el 1864 y el 1870. Pocos años, pero movida gorda.

¿QUIÉN?

Pues, básicamente, los mismos países que hemos mencionado antes. *Pole position* para Francisco Solano López, presidente de Paraguay.

En el siglo XIX hubo otra gran liada. En este caso, en Latinoamérica. Hablamos del conflicto bélico concreto que ha generado más víctimas en la historia del continente. Lo llamaron la «Guerra Grande».

Y casi conlleva la desaparición completa de un país.

No está mal para empezar, ¿eh?

Este suceso se enclava en el ajetreado siglo XIX. Para ser más exactos, entre 1864 y 1870. Apenas habían transcurrido unas décadas desde que los países latinoamericanos declararan su independencia de las potencias europeas. Después de que Haití abriera la puerta en 1804, el chiringuito colonial se había desintegrado con rapidez. De hecho, en lo que se refiere a Centro y Sudamérica, en apenas veinte años se habían desmontado casi todas las posesiones de ultramar, dando lugar al variado mosaico de naciones que, con modificaciones, conocemos como Latinoamérica. Comenzando con la independencia de Chile y Colombia en 1810, y terminando con la de Uruguay, en 1828, las piezas habían caído como si fuera un dominó.

Quedaron cuestiones territoriales por definir, eso sí, porque la historia va a su ritmo. De hecho, las aspiraciones panamericanas iniciales fracasaron con rotundidad. De las ocho unidades administrativas de partida, se pasó a las diecisiete naciones que se contabilizaban en 1844. En 1903 serían ya veinte, con la independencia de Panamá frente a Colombia.

Además, por el camino, ese proceso de fragmentación se vio acompañado de un festival de conflictos fronterizos. La Patagonia, el Chaco Central, la cuenca del Río de la Plata, el Mato Grosso o la selva amazónica han sido testigos de una auténtica partida de Risk. Pueblos completos pasaron de una mano a otra, y de vuelta al propietario inicial, sin que sus habitantes se coscaran siquiera del jaleo.

Y esos son los casos afortunados, la verdad. Que te conquisten y no te enteres es muy muy buena señal. La alternativa suele conllevar bastante más información de primera mano. Y bastante menos esperanza de vida.

En términos históricos, la ignorancia es felicidad en una acojonante cantidad de ocasiones.

Aún se estaban definiendo, en resumen, las fronteras de las nuevas naciones vecinas. En una de estas demarcaciones, Uruguay, los dos partidos tradicionales andaban a la gresca. El Partido Blanco, o Nacional, gobernaba enfrentado al Partido Colorado. Además, los «blancos» eran el único aliado regional paraguayo (Smink, 2020, web) y le aseguraban una salida al mar. En realidad, hasta la guerra, el puerto argentino de Buenos Aires había sido el más empleado por Paraguay para acceder al Atlántico, pero Uruguay aseguraba una salida de contingencia en caso de problemas. Sin embargo, los «colorados», dirigidos por el general Venancio Flores, contaban con el respaldo brasileño.

El decorado era perfecto para un conflicto territorial. Las piezas estaban listas y dispuestas para el pollo. El tal general Flores decidió encabezar una revolución para derrocar al presidente «blanco», Bernardo Prudencio Berro, con apoyo militar brasileño. En vista del panorama, el presidente paraguayo, Francisco Solano López, se lanzó en defensa de su socio uruguayo, que había solicitado ayuda al respecto.

Y, para que quedaran claras sus intenciones, comenzó en noviembre de 1864 capturando un mercante brasileño e invadiendo la provincia del Mato Grosso, que era una de esas zonas de titularidad discutida entre Brasil y Paraguay.

Mientras tanto, el gobierno uruguayo había pasado de blancos a colorados. De afines a Paraguay, a partidarios de Brasil, vamos. El panorama se complicaba, pero Solano, confiado, decidió enviar también tropas al territorio uruguayo, para lo que necesitaba atravesar la provincia argentina de Corrientes. El presidente de Argentina, Bartolomé Mitre, se había declarado neutral, pero también era aliado de los colorados, así que se negó a permitir pasar a los guaraníes. Francisco Solano, con la sutileza de un tanque soviético, decidió atravesar la provincia, con o sin permiso. Así que Argentina se sumó a Brasil, y al nuevo gobierno uruguayo, y formaron una alianza contra Paraguay. La Triple Alianza.

La cosa escaló rapidito.

Como esto está a dos capítulos de tener más nombres que un apéndice de *El señor de los anillos*, vamos a hacer un repaso de los actores principales. Ya saben, todo por los lectores:

Bando Paraguayo

- Francisco Solano López: presidente de Paraguay.
- Bernardo Prudencio Berro: presidente legítimo de Uruguay antes de comenzar la murga. Luego le sustituye Atanasio Cruz Aguirre.

Bando Aliado

- General Venancio Flores: lideró una revolución que lo alzó a la presidencia de Uruguay. Una guerra civil. Le cogimos gusto los latinos a este tema.
- Bartolomé Mitre: presidente de Argentina.
- Pedro II: emperador de Brasil.

Los antes mencionados contaban con que la guerra terminaría pronto.

«En veinticuatro horas a los cuarteles, en quince días en campaña, en tres meses a la Asunción», enunció un confiado Bartolomé Mitre en 1865 (Rosa, 1986, p. 49).

Parece que la tendencia del ser humano para subestimar la duración de sus conflictos es algo reiterado.

Los aliados —Argentina, Brasil y Uruguay— culpaban del jaleo a los planes expansionistas y delirios de grandeza del presidente paraguayo Francisco Solano López. De hecho, llegaron a plantear la guerra como un acto de justicia con el pueblo paraguayo, al que iban a liberar de la tiranía de sus gobernantes.

Cuando uno le echa un ojo a la historia, llega a la conclusión de que originales, lo que se dice originales, no somos.

Paraguay, por su parte, ponía el foco en la ocupación brasileña del Uruguay, distorsionando el equilibrio regional como causa incuestionable del meneo.

En cierta medida, casi todos los gobiernos implicados tenían unas ganitas de pegarse que te mueres. Brasil estaba en plena crisis y acababa de ser humillado por el Reino Unido tras un conflicto conocido como la «Cuestión Christie». Como resultado, buscaba algo con lo que distraer a la opinión pública.

Lo que decíamos, copia y pega del barato.

Los argentinos y los uruguayos, por su parte, tenían gobiernos recién llegados al poder, sin demasiada solidez, y hacían frente a insurrecciones en ambos casos. Ya se sabe que no hay nada como encontrar, o inventar, un enemigo externo para canalizar la pasión nacional de tus súbditos.

Manual del buen —o mal— gobernante, capítulo 3: manipulación básica.

En realidad, muchos de los ciudadanos no estaban por la labor de liarse a tiros con sus vecinos. Después de un siglo de aspiraciones anticoloniales y sueños de panamericanismo, iniciar una guerra fratricida y cargarte a tus casi paisanos parecía más un comportamiento propio de las originales potencias coloniales, que de las nuevas sociedades que aspiraban a crear.

Criaturitas. Pensando todavía en no recrear los errores del Viejo Mundo.

Aquí habría que destacar el rechazo de distintas comarcas argentinas, que desertaron o se alzaron ante la obligación militar. De hecho, el gobierno argentino llegó a utilizar tropas brasileñas y uruguayas en su territorio para reprimir algunas de estas revueltas.

De una forma u otra, los ejércitos entraron en combate. No vamos a perder mucho tiempo con esto, porque fue un carnaval de campañas diversas. Paraguay parecía mejor organizado al principio y contaba con defensas eficaces. Tras lograr varias victorias, y haber podido mantener las hostilidades en territorio argentino y brasileño, la cosa comenzó a complicarse. Los ejércitos de la alianza se adentraron en territorio paraguayo y en 1869 alcanzaron la capital, Asunción. La ciudad fue tomada y saqueada. El desfase fue tal que el comandante brasileño, Caxias, disgustado por la conducta de la tropa, declaró la guerra por finalizada y se volvió a Río de Janeiro. No obstante, quedaba aún plomo por repartir.

Uno de los motivos por los que la guerra se alargó después fue que los firmantes del pacto de la Triple Alianza habían prometido no dar por terminado el conflicto hasta acabar con la vida de Francisco Solano López. La operación amenazaba con convertirse en una guerra de exterminio. En ese momento, el mencionado presidente paraguayo, en un gesto tan valiente como inusual, depuso las armas y se entregó a sus enemigos, a cambio de preservar la integridad territorial y humana del país.

Nah, qué va. Francisco Solano dijo que ni rendirse ni leches. Se atrincheró en las Cordilleras y prometió defenderse y luchar hasta la última gota de sangre.

No es bueno generalizar, pero cuando alguien dice cosas como esta, suele estar pensando en la sangre de los demás.

Ante la descomposición de su ejército, Solano comenzó a reclutar como soldados a ancianos y jóvenes. Niños, en ocasiones. Dada la disparidad de tamaño del ejército y poder de fuego en esa fase de la guerra, el resultado fue terrible. En la batalla de Acosta Ñu, el 16 de agosto de 1869, unos veinte mil soldados brasileños lucharon y masacraron a tres mil quinientos de esos menores paraguayos.

Esa fecha marca la actual celebración del Día del Niño en Paraguay.

Solano, al estilo emperador romano paranoico, comenzó a ver traición en cada fracaso militar y conspiración en cada susurro. Muchos de sus oficiales fueron perseguidos, arrestados y ajusticiados. También creyó descubrir una conjura que implicaba a sus hermanos, su madre y otros muchos altos funcionarios. Gran parte fueron ejecutados y otros tantos encerrados en prisión. Domiciano[15] estaría orgulloso.

Todo terminaría en 1870, con la batalla de Cerro Corá, en la que murió el presidente paraguayo Francisco Solano López, poniendo fin a la guerra.

El conflicto tuvo, como suele pasar, de todo. Por ejemplo, la congregación en 1867 de mil mujeres frente a lo que hoy es la Catedral Metropolitana de Asunción, con el objeto de

---

15. «Domi» fue el último emperador de la dinastía Flavia. Se le acusó de matar a su hermano, y se dice que se volvió paranoico en sus últimos años, condenando y ejecutando a posibles conspiradores, parientes incluidos. Un día cualquiera en el Imperio Romano, la verdad.

organizarse para recolectar las joyas de todas las damas del país. Se pretendía, con ello, apoyar y financiar la guerra. Un evento tan pragmático está considerado, hoy en día, como la primera asamblea femenina de Sudamérica. Y es también la razón por la que Paraguay celebra el Día de la Mujer el 24 de febrero, y no el 8 de marzo.

También pudo dar lugar a la leyenda de la plata *yvyguy* —«enterrada»—, un posible tesoro escondido durante la contienda, que sería el equivalente mítico al tesoro perdido nazi.

La guerra incluyó intereses británicos, a los cuales se ha llegado a atribuir el impulso necesario para que se desarrollara el conflicto, con el objetivo de aprovecharse económicamente de la región. Durante el siglo pasado se desarrolló un enérgico revisionismo, que culpaba a los británicos de la guerra y de sus consecuencias. Sin embargo, los estudios más recientes parecen descartar este hecho, al menos, como causa directa. Lo que no quita que, como buena potencia imperial, aprovecharan la inercia para sacar tajada del asunto, claro.

Sí que se ha insistido en la posibilidad de que la propia Triple Alianza se hubiera formado con anterioridad al inicio de las hostilidades. Y de que las cuestiones territoriales fueran el objetivo del conflicto desde el primer momento. A saber. Parece, en todo caso, que detrás de tanto énfasis libertario y tanta defensa del orgullo nacional lo que había eran unas ganas enormes de darse de palos y mangarle tierra al vecino.

Honorables objetivos estos, que han formado parte de nuestra cultura universal desde hace más de diez mil años. Una arraigada tradición del *Homo* que se dice *sapiens*, sin duda.

Eso sí, el conflicto resolvió gran parte de las discusiones territoriales que existían en la zona antes de la guerra. Brasil y Argentina afianzaron sus derechos sobre cerca de ciento cincuenta mil kilómetros cuadrados que Paraguay reclamaba, además del veinticinco por ciento del territorio que consideraba ya propio. El ferrocarril y las industrias paraguayas fueron destruidos o intervenidos y su economía quedó en manos extranjeras. De paso, Brasil ocupó el país durante seis años más y exigió una indemnización de guerra. Dinero que necesitaba, pues, pese a vencer, quedó endeudado con los británicos cosa fina. Algo que también sufriría Paraguay.

El tema de las víctimas fue harina de otro costal. Además de los fallecidos en combate, hubo hambre, epidemias de cólera y desesperación de todos los tipos. Ya se sabe que al jinete del caballo rojo no le gusta cabalgar solo.

Las cifras ponen en perspectiva la gravedad de esta absurda guerra. Brasil, Argentina y Uruguay perdieron a unos ciento veinte mil hombres. Pero Paraguay, derrotado, tiene estimaciones de hasta doscientas ochenta mil víctimas.

Algún historiador, como Fabián Chamorro (2020, p. 89), señala que solo noventa mil de esas víctimas habrían sido soldados al uso. El resto corresponderían a niños, ancianos y mujeres.

El argentino Domingo Faustino Sarmiento llegaría a decir en 1869: «La guerra del Paraguay concluye por la simple razón —*horresco referens*[16]— que hemos muerto a todos los paraguayos de diez años arriba» (Sarmiento, 1870, p. 83).

Si tenemos en cuenta que la población del país antes del inicio del conflicto era de, máximo, cuatrocientos cincuenta mil habitantes, hablamos de la pérdida de más de un cincuenta por ciento de sus moradores y casi la totalidad de sus varones. Estudios recientes elevan la población superviviente a ciento cincuenta o ciento sesenta mil personas, con solo veintiocho mil hombres. Vamos, que aquello quedó como una facultad de Enfermería. De ahí que se llegara a definir al Paraguay como «el país de las mujeres».

Una guerra por terceros, que casi hace desaparecer un país. En términos territoriales, económicos y humanos.

Casi nada.

---

16. «Me horrorizo al contarlo». Y eso que el tal Domingo Faustino Sarmiento pertenecía al bando de los ganadores.

• BATALLA DE TANGA •

¿DÓNDE?

Tanzania, que en esa época era territorio colonial alemán. Ya saben, África, bajando a la derecha.

¿CUÁNDO?

Volvemos a la I Guerra Mundial. 1914, en sus comienzos.

¿QUIÉN?

Tenemos aquí a Inglaterra y Alemania, protagonistas recurrentes. Destacan los generales Aitken y Von Lettow-Vorbeck, respectivamente.

Aitken VS Von Lettow-Vorbeck

Pocas bromas con el nombre. «La batalla de las abejas», la llamaron. No es habitual encontrar una liada en la que se eche la culpa a los insectos. Pero la búsqueda de excusas ha sido factor común de gran parte de las derrotas humillantes de la historia. Conspiración, traición, deslealtad, malas artes, peor fortuna, la meteorología, los dioses... Todo vale. Era de esperar que, en algún momento, culpáramos a bichos con aguijón.

Además, vamos a juntar a dos actores habituales en el guion: Gran Bretaña y Alemania. Y lo hacemos volviendo a visitar los decorados de la Primera Guerra Mundial. Puede resultar una elección extraña. Esto no es Passchendaele. Ni Verdún. Ni el Somme. Se trata de una batalla mucho mucho más chiquita. Pero la verdad es que lo tiene todo. Fue una de las principales jaranas desarrolladas en el continente africano durante este conflicto. E incluye varios de nuestros ingredientes favoritos: torpeza, incompetencia, racismo, un poquito de soberbia... y abejas.

Muchas abejas.

Empecemos con el dónde. El África Oriental Alemana era una colonia. Ya saben, esos cachitos de África que alguien decidió que estaba mejor en manos europeas. Digamos que, en esa época, estaba de moda la exportación de *life-style* y la importación involuntaria de ciudadanos llamada esclavitud. La colonia se había organizado en torno a 1880 y desaparecería, *spoilers*, tras la Primera Guerra Mundial.

Eso sí, para convertirse en un protectorado de Reino Unido, Bélgica y Portugal. Que tampoco hay que volverse locos y dejarles a los nativos su movida.

¡Qué locura!

En vísperas de la Gran Guerra, África estaba repartida entre las principales potencias del continente europeo. Los reyes del mambo eran los ingleses, que podían pasear por suelo patrio desde Egipto hasta Sudáfrica. Los franceses hacían suyo el Sáhara, y otras potencias menores como portugueses, italianos, españoles o belgas buscaron plantar su bandera, con mayor o menor fortuna. Alemania, por su parte, se había consolidado en las dos costas: la Atlántica y en el Índico.

Al comienzo del conflicto, una mayoría de estrategas militares y políticos parecían de acuerdo en que la Primera Guerra Mundial sería solo continental europea, sin afectar a las colonias de las partes implicadas. Nada de ir a fastidiarles la vida a los habitantes de ultramar, que bastante tenían ya con gestionar la convivencia con sus colonizadores. Digamos que no acertaron la predicción. Imagino que se trató de los mismos lumbreras que vaticinaron un rápido y triunfante final de la guerra y que se veían cargados de medallas antes de llegar las navidades. Grandes oráculos.

Guárdame un cachorro, que se dice por ciertas islas del sur.

Vamos con el cuándo. Estamos en noviembre de 1914. El Imperio británico quería dar un golpe rápido sobre las posesiones de su antagonista germano en África. Contaban con el control marítimo y las colonias alemanas estaban —se suponía— mal defendidas y rodeadas por territorio enemigo. Las operaciones en el África Occidental habían permitido a ingleses, franceses y belgas hacerse con casi todo su territorio en cuestión de meses. Así que ahora solo había que repetir la experiencia en el África Oriental, una operación que los británicos consideraban menor y de fácil consecución.

Ya vamos anticipando la liada.

El primer paso para ello debía ser el asalto a la ciudad de Tanga, en la actual Tanzania. El objetivo estaba a ochenta kilómetros al sur de la frontera con el África Oriental Británica. Era un puerto importante, una estación de ferrocarril relevante, y parecía un buen paso inicial para las operaciones militares. El elegante y elaborado plan inicial pasaba por bombardear la ciudad desde el mar hasta que se le saltaran los adoquines. Sin embargo, los británicos debieron pensar que no era un buen comienzo masacrar a la población civil que luego querías incorporar a tu imperio. Además, creyeron que bastaría con asustar un poco a los habitantes locales para que depusieran las armas y evitar un conflicto innecesario. Optaron, así, por aplicar la llamada *«gunboat diplomacy»* o diplomacia de cañonero. Concretando, la capacidad para imponer un acuerdo desigual a otro país menos poderoso, a base de demostraciones de fuerza. Como, por ejemplo, enviar un buque bien armado a fondear cerca del puerto enemigo. Pasivo agresivo total. Cuando este primer gesto no funcionaba, el barco pasaba de amagar a bombardear.

Porque de buen rollito está la diplomacia internacional llena.

Consecuencia de esta primera amenaza, se firmó un acuerdo de no agresión con la población local, confiando en la rápida rendición. Pero tras no carburar el asunto, los británicos enviaron un crucero y a tomar viento la opción pacífica.

Los alemanes se prepararon para la defensa y movilizaron a cerca de mil cien Askaris, nombre que recibían las tropas indígenas que servían en las colonias. Estaban bajo el mando del comandante Von Lettow-Vorbeck, un oficial experto y competente.

Por su parte, los británicos comenzaron a liarla desde el principio. Su mando era el mayor general Arthur Edward Aitken, un oficial encantado de conocerse. Contaba con desembarcar su fuerza de invasión, compuesta por ocho mil hombres del ejército de la India, directamente en el puerto de Tanga, tras lo que esperaban fuera una rápida capitulación. Las operaciones se planificaron desde la ciudad de Mombasa, en la actual Kenia. Ya desde el inicio, un oficial de inteligencia británica presentó un informe a Aitken llamando su atención sobre la capacidad de los alemanes. Afirmó que podían agrupar sus fuerzas coloniales en defensa de la ciudad con rapidez y que, aunque se trataba de tropas de segundo nivel, contaban con buenos oficiales. Sin embargo, Aitken respondió que la calidad de las tropas y oficiales enemigos dejaba mucho que desear. De hecho, descartó recibir el apoyo de un batallón experto de los King's African Rifles, alegando que contaba con derrotar a alemanes y Askaris —«hunos y negros», los llamaba— antes de navidades.

El atento lector comenzará a escuchar ya las primeras notas de la fanfarria que precede a la catástrofe.

Para proceder a la invasión, los británicos desplazaron a los citados ocho mil soldados desde Bombay, en la India, a Mombasa, en la costa africana. El viaje estuvo mal planificado y los expedicionarios pasaron dieciséis días de más en el barco, hacinados y sometidos a altas temperaturas. No se consideraron las diferencias religiosas, de casta o de regímenes alimentarios entre ellos. Y tampoco se les permitió tomar tierra para descansar antes de llegar a su destino final, bajo el pretexto de no arruinar el carácter sorpresa del ataque.

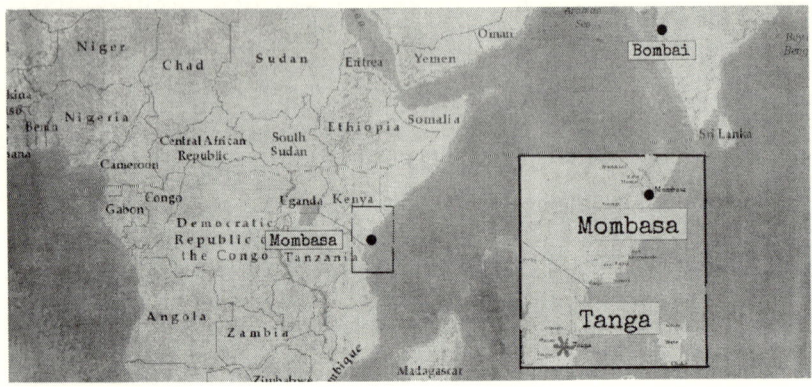

Batalla de Tanga.
Elaboración propia.

En realidad, los alemanes ya sabían del ataque y contaban con su llegada. De hecho, se había hablado de esta posible operación militar en los periódicos ingleses, que también llegaban, como era de esperar, a manos de Von Lettow-Vorbeck. Además, en las cajas de suministros apiladas en el puerto de Bombay, a la vista de todos, espías incluidos, se leía: «Fuerza Expedicionaria India B. Mombasa, África Oriental».

Invasiones marca ACME.

Aquí tercia aclarar algunas cuestiones sobre las tropas británicas. El nombre de Fuerza Expedicionaria India para Tanga incluía la letra «B» porque las mejores tropas, llamadas

«A», habían sido enviadas a combatir a Europa. La «B» iba a actuar sobre la colonia alemana oriental y la «C» reforzaría la propia colonia británica oriental. Sin embargo, la entrada de Turquía en la guerra había obligado a crear una Fuerza Expedicionaria India «D», con parte de la «A» y la «B». Es decir, que lo que en principio iban a ser tropas de, al menos, segundo nivel, pasaron a convertirse en una mezcla de tropas europeas, indias y gurkhas, con entrenamiento cuestionable. Las unidades indias de la Brigada Imperial de Servicios, por ejemplo, provenían de servicios de escolta y de policía de distintos principados. El conjunto del ejército incluía hasta doce idiomas distintos, gran diversidad de entrenamiento y falta de familiaridad con el armamento. Para redondear, los mandos se dividían en veteranos pasados de rosca, herederos de las guerras coloniales, y demasiado bisoños, sin experiencia en combate.

No veo fallos. Ea, todos al barco y a Tanga.

Mientras tanto, el comandante alemán decidió ignorar las recomendaciones de los diplomáticos y de Berlín, que proponían abandonar los puertos y defenderse en el interior, y optó por organizar su respuesta en todo el territorio colonial, Tanga incluida.

El 2 de noviembre de 1914 el crucero HMS Fox entró en el puerto de Tanga para negociar su rendición con el Comisionado de distrito, Auracher, pero la respuesta local, como se indicó antes, no fue positiva. Ante esta circunstancia, solo quedaba el desembarco no pacífico. Sin embargo, los británicos sospechaban que el puerto podía estar minado. La información era falsa, pero el Comisionado alemán, ágil de coco, viendo la oportunidad, confirmó las sospechas enemigas (Farwell, 1989, p. 167). «Minado no, ¡minadísimo!», les debió de decir. Esto envió a los preocupados oficiales británicos de vuelta a su barco a esperar el convoy completo.

Mientras tanto, aprovechando este tiempo ganado, Von Lettow-Vorbeck volaba en dirección a Tanga para asumir la defensa con sus tropas.

Con el mayor general Aitken ya en la zona, los británicos comenzaron las operaciones de desminado. No encontraban mina alguna, pero la ausencia de operaciones de defensa de los alemanes en el puerto les convenció de que, aunque no las encontraran, debía de haber minas por doquier. ¿Cómo, si no, iban a estar tan tranquilos los defensores? Así que empezaron a buscar nuevos lugares para el desembarco al sur de la ciudad. Descartaron una playa hasta terminar el desminado y otra por estar al alcance de posibles piezas de artillería ubicadas en la ciudad.

En realidad, todavía no había cañón alguno. Pero eso no lo sabían.

Solo quedaba una tercera opción, una playa rodeada por un promontorio y junto a una zona de manglares. Y ahí desembarcaron. Claro que, con el cambio de zona, los británicos no habían enviado exploradores y desconocían el terreno en profundidad. Confiaban en que su superioridad militar fuera suficiente para paliar estos inconvenientes.

La historia está plagada de sucesos apasionantes que comienzan con un «pues mira, no habíamos explorado la zona, pero» y acaban de forma satisfactoria...

... no.

Los desafortunados soldados hindúes desembarcaron y se adentraron en manglares llenos de sanguijuelas, serpientes de agua, mosquitos y moscas tse-tsé. El retraso y la oscuridad obligó a que parte de las tropas permaneciera otra noche más hacinada en el barco. Al amanecer, los británicos avanzaron primero a través de la marisma, cocoteros y plantaciones de cacao, sin mapas y desorientados. Abriendo cada vez más las líneas y buscando avistar por fin los edificios de Tanga.

En ese momento, los alemanes atacaron, cayendo sobre los desubicados invasores y desarbolándolos por completo. Desde la flota se reportó que se enfrentaban a dos mil quinientos fusiles, cuando se trataba de apenas doscientos cincuenta Askaris. La jornada acabó con muchos de los hombres del 13 Rajputs hindú deambulando sin armas por la playa, a la espera de sus suboficiales.

Al día siguiente se renovaron las hostilidades. Los británicos, que habían perdido unos trescientos soldados, conservaban gran parte de su fuerza. Así que trataron de avanzar en una línea firme, pero la densidad de la selva les obligó a perder el contacto. Para añadir dramatismo, muchos de los soldados hindúes estaban deshidratados y no contaban siquiera con cantimploras de repuesto (Hoyt, 1981, p. 21). Cuando alcanzaron al enemigo, fueron presa fácil para los parapetados Askaris y huyeron con rapidez. Mientras tanto, en otro lado de la selva, se produjo el zumbido colorista de este conflicto. Los soldados ingleses del 98 de infantería entraron en una zona plagada de colmenas de abejas, que se encontraban en el interior de los troncos de los árboles. El cruce de disparos enfureció a los insectos, que salieron en densos enjambres, dispuestos a atacar a todo lo que se moviera. Los informes reflejan que los picotazos afectaron a ambos bandos, pero, al parecer, se cebaron sobre todo con los británicos. Algo lógico, puesto que eran mayoría numérica.

La playa se llenó de cientos de soldados que corrían desesperados, arrojando sus fusiles y tapándose la cara para protegerse de las abejas. Trataban de subir a los botes o se lanzaban al agua de cabeza. Los mandos británicos, con Aitken presente, observaban boquiabiertos el espectáculo desde la cubierta de los buques.

La decepción por el fracaso de Tanga fue tal que los soldados llegaron a justificarse alegando que el ataque de las abejas había sido un ardid alemán. De hecho, el periódico *The Times* excusó el fracaso inglés en el uso de las colmenas como armas por parte de Von Lettow-Vorbeck. Llegó a asegurar que este había ordenado a sus Askaris entrenarlas intencionadamente para atacar a los ingleses. El oficial germano, preguntado por esta cuestión, se limitó a esbozar una sonrisa y responder «*Got mit uns*» —«Dios con nosotros»— lema imperial alemán, heredado de la tradición militar prusiana.

En realidad, la batalla no terminó con la debacle apícola. Furioso, Aitken perdió la moderación y ordenó bombardear la ciudad. La falta de información provocó que las bombas cayeran, incluso, sobre el hospital, en manos británicas y con enfermos de ambos bandos dentro. También bombardearon zonas por las que huían los soldados ingleses. En pleno caos, algunas unidades hindúes, perdidas y asustadas, comenzaron a disparar a cualquier objetivo en movimiento, generando fuego amigo sobre brigadas cercanas.

Los ingleses llegarían a ocupar la ciudad durante un breve período de tiempo. Sin embargo, al poco llegaron los dos únicos cañones alemanes. Von Lettow-Vorbeck los aprovechó para organizar el contrataque Askari, a los que animó a vestir con sus abalorios tribales y a cargar bajo los gritos de guerra tradicionales. La línea británica colapsó y se retiró de la ciudad a la playa. Aitken trató de organizar un asalto, pero sus oficiales declararon que era imposible realizar cualquier acción ofensiva. En última instancia, cabizbajo, el mayor general ordenó la retirada y regresó a Mombasa. Habían sido derrotados en un combate en el que contaban con la ventaja numérica, en una vergonzosa proporción de 8 a 1. Las tropas angloíndias abandonaron gran número de fusiles, ametralladoras y seiscientos mil cartuchos de munición, que fueron capturados por los alemanes.

Las cifras de bajas, como siempre, varían. En el ejército alemán, se habla de entre sesenta y cuatro y ochenta fallecidos, y de cincuenta y seis a ochenta heridos. En el caso británico son más estables, con unos trescientos sesenta muertos y cuatrocientos ochenta y siete heridos.

Durante los siguientes cuatro años del conflicto, Von Lettow-Vorbeck mantuvo su pequeño ejército móvil operativo, obligando a un masivo desplazamiento de recursos militares y logísticos por parte de los británicos para sus operaciones en la colonia. Su conocimiento del suajili y su política de promocionar a nativos como oficiales de sus propias compañías le granjearon el respeto de sus Askari. Se dice que, cuestionado por esta práctica inclusiva, pronunció su famoso: «Aquí todos somos africanos». En 1918, tras el armisticio en Europa, Von Lettow-Vorbeck fue informado del fin de la guerra mientras trasladaba sus tropas e invitado a finalizar las hostilidades. El 23 de noviembre rindió su ejército, invicto, en Abercorn — Mbala—, donde recibió honores incluso de las tropas aliadas. De hecho, en Alemania fue acogido como un héroe de guerra, pese a la derrota nacional. Fue el único general de la Primera Guerra Mundial al que se le permitió pasar bajo la puerta de Brandemburgo en su desfile; y su ascenso a general fue el último acto oficial firmado por el depuesto káiser Wilhem (Civeira, 2015, web).

Con el tiempo, llegaría a trabar amistad con uno de sus antiguos rivales, el general J. C. Smuts. También formó parte del Reichstag, donde se posicionó contra Hitler, y fue sometido a vigilancia durante toda la Segunda Guerra Mundial por parte del régimen nazi. Eso, a pesar de perder a dos de sus hijos en ese nuevo conflicto.

Aitken, por su parte, no tuvo ese reconocimiento. El secretario de guerra británico se negó a recibirle, fue degrado a coronel y no volvió a obtener mando operativo alguno.

Me pregunto por qué.

Blame the bees, I say.

• ANÁBASIS DE CIRO •

401 a.C.

¿DÓNDE?

Estamos visitando mucho Asia Menor. Aquí volvemos a Anatolia, hasta llegar a Babilonia.

¿CUÁNDO?

Final del siglo V a.C. Concretamente el año 401 a.C.

¿QUIÉN?

Una jartá de griegos con ganas de camorra, el escritor Jenofonte y, por en medio, Ciro el Joven y Artajerjes II.

La Marcha de los Diez Mil. Para muchos, es una de las más grandes aventuras jamás relatada. Ha inspirado novelas y películas. Se dice que su lectura fue una de las motivaciones que llevaron a Agesilao y a Alejandro Magno a sus campañas en Asia.

Pero, si lo miramos con perspectiva, esto fue el peor viaje de trabajo de la historia.

Volvemos, por penúltima vez, a la Grecia clásica. Estamos allá por el 401 a. C. Grecia, como tal, continúa siendo un conjunto fragmentado de pequeños —y grandes— estados. Han estado peleando hasta ayer mismo, como quien dice. En el 405 a. C., en lo que los atenienses bajaban a sacar la basura, Esparta se hizo con casi toda su flota en Egospótamos, como ya vimos antes. Esto precipitó el final de la guerra del Peloponeso, que llevaba mareando a los helenos desde el 431 a. C. Un año después de esa derrota en Egospótamos, Atenas se había rendido y comenzaba un período de dominación espartana. Y en ese momento estamos.

Persia, el gran antagonista extranjero de ese siglo que termina, tiene como rey a Artajerjes II —Palito Palito—. Pero, como el tema de la familia, las herencias y la corona siempre ha sido siempre *trending topic* en la Antigüedad, debemos poner la vista en el hermano menor del rey: Ciro el Joven. El susodicho, que ostentaba el título de sátrapa[17] de Asia Menor, ha decidido rebelarse y destronar a su hermano. Pero, claro, si quieres derrotar al rey, puede que necesites un ejército que te ayude a hacerlo. Un ejército más grande. O mejor. Esta segunda opción fue la que eligió nuestro querido Ciro.

¿Y quiénes tenían fama de ser los mejores guerreros de la región?

Adivinen.

Pues los griegos, con diferencia.

Los griegos clásicos llevaban todo el siglo sacudiéndose sin descanso. Mucha filosofía, pero lo de curtirse con el hoplon[18] era marca de la casa. Déjate de silogismos, Agapetos, que hoy vengo con ganas de bronca. El conflicto había sido frecuente y exitoso, entre sí o contra otros, y se habían convertido en el paradigma de la sociedad guerrera de la época. Sí, por supuesto que había otros muchos factores sociales y culturales que son, con seguridad, más destacables en nuestros enquitonados[19] ancestros. Pero eso no impedía que la excelencia de la cultura marcial de las falanges hoplitas fue-

---

17. Gobernador de una provincia. Pero suena mucho más pijo.
18. Escudito que llevaba la infantería pesada de hoplitas, así como la caballería. Que tampoco es cuestión de dejarse pegar por gusto.
19. El quitón era una prenda de vestir en la Grecia clásica. Era larga, como una túnica. Monísimo para el ágora, pero terrible para el campo de batalla.

ra conocida en todo el Mediterráneo. Su formato de ejército ciudadano representaba el mayor grado de profesionalidad militar de la época. Y, no podemos olvidar, Persia tenía un vívido recuerdo histórico de las derrotas en Marathón y Platea. Y de la previa victoria en las Termópilas —esos sí fueron los de la secta del *crossfit*—, que a estas alturas podemos llamar, con total convicción, pírrica. Así que era hasta cierto punto lógico que, cuando un aspirante a rey persa, con recursos económicos, pero una limitada disponibilidad de lanzas, quisiera contratar mercenarios, mirara hacia el oeste.

Los griegos, hombres formados en disciplina militar, con mayor o menor experiencia en combate, no veían mal este tipo de ofertas. Había una cierta épica homérica en ese servicio al gobernante extranjero. Y los mercenarios todavía no pagaban cuota de autónomos, que eso se nota. Además, la disminución de la conflictividad abierta entre los estados griegos dejaba a una parte de los ya excombatientes algo incómodos. Con un picorcito en la mano. Allí donde se sujeta la espada, para ser exactos. Para muchos, la vida de soldado les ofrecía alternativas más fructíferas que las que se derivaban de sus ocupaciones domésticas. Las Empresas de Guerreo Temporal estaban de enhorabuena. Así que, en cierta medida, podemos afirmar que existió una concordancia entre la oferta y la demanda. Entre la disponibilidad de soldados griegos y la necesidad persa de contratarlos. Otro *win-win*.

Cuando se trata de matarse entre sí, los seres humanos tienen una extraordinaria capacidad para hacer funcionar las reglas del mercado.

Total, que Ciro, que ya había financiado a los espartanos antes, contactó con los griegos con confianza y positividad. La actitud es fundamental en un golpe de Estado. Imaginemos ese anuncio publicado en la *Gaceta del Helesponto*, o en *Hoplita Today*, ofreciendo un estipendio generoso para aquellos que se atrevieran a participar en su iniciativa. Todo muy colaborativo. *Coworking*. *Cofighting*. «Vamos juntos, que los reventamos».

Atraídos por la propuesta, el convenio y el seguro dental, cerca de diez mil griegos se apuntaron a la excursión. Parece más que probable que Ciro hubiera ocultado su objetivo final, alegando al principio que solo quería someter una región rebelde, no derrocar a su hermano. Un despiste, de esos que cometen los que mandan. Primaba, en todo caso, un elevado grado de confianza en la capacidad militar helena. Era bien sabido que parte de las numerosas tropas que el enemigo iba a convocar tendrían escasa o nula experiencia militar —al igual que las de Ciro—. Voluntarios forzosos, destinados a engrosar los números. Y las bajas, porque gran parte de estas unidades solían ser, con frecuencia, carne para el matadero. Más aún cuando se enfrentaban a cuerpos especializados o con un mínimo grado de profesionalización.

Pero las tropas mejor organizadas tampoco infundían pavor entre nuestros expedicionarios. Había contrastadas posibilidades de que pudieran salir victoriosos ante casi cualquier tipo de contingente al que se enfrentaran en el campo de batalla.

Por otro lado, estaba el problemilla de la logística. El viaje iba a ser largo y complicadete. Al fin y al cabo, Persia era grande de narices. Abarcaba desde la actual India hasta Egipto, y las perspectivas incluían, cuando menos, tener que desplazarse hasta el corazón del imperio, en Mesopotamia. Además, como los trirremes los carga el diablo, la marcha iba a realizarse a pie, a través de Asia Menor. Que no es que no contaran con flota, ojo. Ciro había movilizado varias decenas de embarcaciones de combate, pero una cosa es contar con apoyo por la costa, y capacidad de confrontar a la flota enemiga, y otra dedicarla a la ingente tarea logística de trasladar a todo el contingente mercenario. Así que tocaba amarrarse las sandalias.

Eso sí, los griegos eran gente curtida y conocían su oficio. Cuando se movilizaban para la guerra, lo hacían bien. Sabían que sus números iban a ser inferiores a los del rival. E incluso minoritarios dentro de su propio ejército, que contaría con decenas de miles de soldados. Aunque fíate tú de los registros de tropas en las batallas de la Antigüedad. Se parecen a nuestros recuentos en los días de huelga o a los eventos de corte político, todo depende de a quién le preguntes. En fin, la historia ha recogido este contingente como «los Diez Mil», aunque no se especifica de esa manera durante el texto que relata la experiencia. Se cree que los griegos concentrados en Sardes antes de la partida eran menos de ese número. Y que los que llegaron a las proximidades de Babilona, más de doce mil. Sin embargo, nada como una cifra redonda — *myrioi*[20]— para grabarse en la memoria popular.

También sabían que, con independencia de su tamaño, les tocaba ser los encargados de inclinar la balanza. Por eso, gran parte del ejército griego estaba formado por su unidad estrella: los hoplitas. Eran la infantería pesada, dotada de sólida panoplia de bronce, lanza, espada y su característico escudo redondo. Las disciplinadas falanges helenas constituían el corazón de toda fuerza de choque y representaban la unidad más decisiva de la región en esa época. Te soltaban un «auh-auh» y te temblaban hasta las manzanas.

---

20. «Diez Mil» en griego antiguo. Se utilizó para describir esta expedición, porque «nueve mil y algo» pierde mucho gancho.

Además, los hoplitas no marchaban solos. Hay una característica tendencia a quedar cegados por su hipnótica presencia, ignorando el imprescindible acompañamiento de tropas auxiliares. Tiene sentido. Es pensar en Leónidas y nos entran los calores. Carne de Instagram. Como en las Termópilas, donde todo el mundo recuerda a los trescientos espartiatas, pero solemos obviar que las tropas griegas ascendían a seis o siete mil soldados en total.

Falanges hoplíticas enfrentándose a los ejércitos persas en Platea. Ilustración de John Steeple Davis, 1900.
Dominio público.

En esta expedición, los griegos tenían una abrumadora mayoría hoplita, pero también contaban con varios miles de peltastas, la infantería ligera. Estas criaturitas no vestían armadura, aunque sí que portaban un escudo de mimbre —pelta— y lanzaban jabalinas como si no hubiera un mañana. Su movilidad les permitía acosar e incluso derrotar a formaciones mucho más protegidas pero lentas. Y les acompañaban arqueros, unidad de proyectiles que siempre era necesaria, y que serían al menos doscientos en el ejército.

Bueno, ya basta de inventariar a la tropa. Lo importante es que nuestros muchachos estaban listos para el viaje:

- Una *jartá* de mercenarios: *OK.*
- Provisiones y resto de logística: *OK.*
- Hoja de ruta: más o menos *OK,* que en esa época se dependía de los guías como el comer.

Nuestros griegos se van reuniendo en Asia Menor, en Sardes. Comienzan su ruta hacia el sureste, recorriendo medio Imperio persa. Parasanga va, parasanga viene y, con dimes y diretes como para rodar cuatro películas, el ejército termina cruzando el río Éufrates, en plena Mesopotamia. Llegan a las proximidades de Babilonia, a la zona conocida como Cunaxa, para presentar batalla a Artajerjes. Las distancias recorridas en la Antigüedad son de difícil cálculo, pero se estima que los chavales se habían metido unos dos mil kilómetros entre sandalia y sandalia.

Llegado el momento de la batalla, Ciro colocó a los griegos y su falange en el ala derecha, una posición estratégica en la antigua Grecia. Liderados por el espartano Clearco, se enfrentaron al muy superior ejército del rey. Jenofonte habla de un millón doscientos mil persas, pero, aguardiente al margen, los historiadores presentes calculan unos ciento veinte mil soldados. Que sigue siendo el doble del ejército de Ciro. Sin embargo, la maquinaria militar helena funcionó cual cuadro de infantería suiza, o tercio español. No solo resistió a los embates enemigos por dos veces, sino que destrozó y puso en fuga a sus oponentes. Los aguerridos hoplitas habían cumplido su objetivo, sin perder a un solo hombre[21]. Las tropas del rey habían sido derrotadas. Auh, Auh. *Veni, vidi, vici.*

Pues no.

Resulta que Ciro se había levantado con un extra de coraje. Y en un momento de valentía regia, decidió cargar en persona contra la posición que ocupaba su hermano mayor. Y un tal Mithridates —nombre con bastante solera en la historia antigua— lo atravesó de un jabalinazo. Adiós a Ciro el Joven. Así que el resto del ejército rebelde se había desbandado, el campamento griego había sido arrasado y

---

21. Ese cero en bajas surge, cómo no, de las fuentes griegas. Que suena un poco vendemotos, aunque hay antecedentes similares. Comillas a las cifras, como siempre.

Artajerjes, pese a ser derrotado por los griegos, había ganado la guerra.

Consigues un trabajo. Te calzas unos dos mil kilómetros *in itinere* sin rechistar. Cumples lo que marca el contrato. Y cuando te das la vuelta, resulta que tu jefe la acaba de palmar y nadie quiere saber nada de ti.

Top.

A partir de ahí, la historia de conquista se convierte en una retirada de las de cortarse las venas. Los griegos se ofrecen a Tisafernes, un sátrapa local, pero este los rechaza y acaba matando a traición a los estrategos del colectivo. Entre los nuevos líderes destacará un tal Jenofonte, ateniense. Los griegos decidirán que, para ser sinceros, lo de rendirse a los persas no les inspira mucha confianza, así que mejor intentar volver a casa. A partir de ese momento les tocará tratar de regresar a Grecia sin Google Maps. Y sin contar con mucha colaboración de los paisanos.

Por eso de venir a guerrear, entrar hasta la cocina, tratar de matar a tu rey y tal.

Recorrerán Asiria, la nevada Armenia... Hambrientos, acosados, asaltados, atacados y pasando más frío que un canario en Ávila, los griegos acabarán llegando a la costa del mar Negro, cerca de Trapezunte —Trebisonda—. Tantas ganicas tenían de alcanzar una referencia conocida que se dice que, al llegar a la orilla, gritaron ¡*Thalatta*! ¡*Thalatta*! —«¡El mar, el mar!»—. De todas formas, les quedaban todavía otros mil kilómetros de pateo hasta llegar a casa. Antes hubo intentos de saqueo, propuestas de fundar colonias, nuevas ofertas mercenarias, disensiones y algo de desconfianza. No es para menos. Su epopeya terminó en el 399 a. C., casi dos años después de iniciarse. Imagine. A mí me cansan los desconocidos a partir de los diez minutos de viaje.

Apenas seis mil griegos llegaron al final del recorrido.

Casi seis mil griegos llegaron al final del recorrido.

Todo depende de cómo se mire.

De hecho, se miró de muchas formas. Hay que agradecérselo a que el tal Jenofonte, que fue uno de los líderes del retorno a casa, tuvo a bien registrar por escrito toda esta increíble historia. Recogida en siete capítulos o libros, y conservada en diversos códices medievales, se trata de una inusual narración, escrita en tercera persona, de enorme interés historiográfico, pero también amena y con toques novelísticos. Toda una crónica de reportero de guerra. Ahí es nada.

Se la conoce como la *Anábasis* o la *Anábasis de Ciro*, siendo una *anábasis* un viaje hacia adelante o hacia el interior. Así, algunos autores señalan que, desde que comienza su huida buscando de nuevo la costa, sería una *catábasis*. Y, luego, recorriendo la costa, una *parábasis*. Pese a todo, el término «*anábasis*», sin Ciro siquiera, caló como nombre. También se popularizó el de la «Expedición de los Diez Mil», vinculada al término *myrioi* que mencionamos. Los Diez Mil de Jenofonte, que, a propósito, fue recibido con honores en Esparta a su retorno.

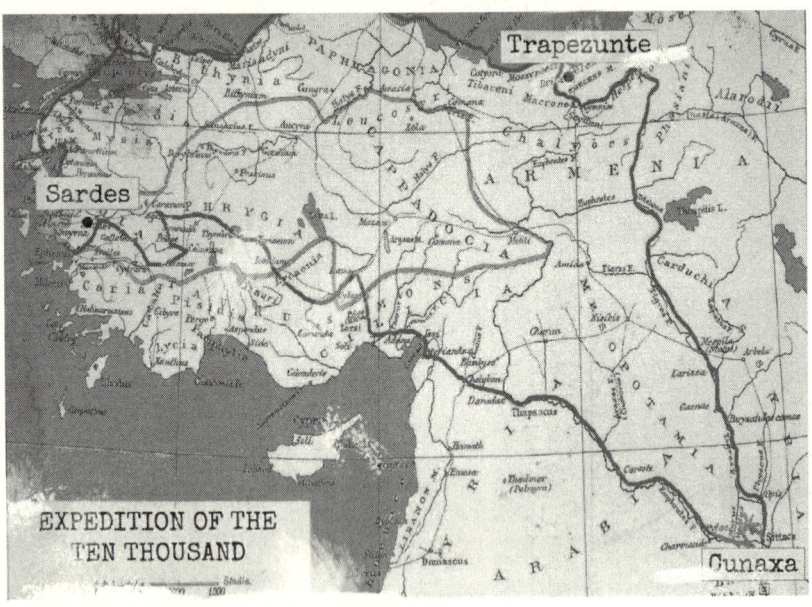

Expedición de los Diez Mil. Mapa de Leiden P. J. Mulder, 1900).
Dominio Público.

La expedición, y su vívida narración, causaron gran impacto en la época. El que un pequeño contingente de griegos fuera capaz de adentrarse hasta el corazón del mismísimo Imperio persa y volver a salir sin ser aniquilado —del todo—

resultaba sorprendente. E incitaba a otros intentos. Aunque no se dispone de confirmación explícita, se cree que Alejandro Magno leyó, entre otros muchos clásicos, la Anábasis. También habría consultado los textos que el mismo Jenofonte escribió sobre Argesilao, rey espartano al que el escritor acompañó en sus posteriores campañas en Persia.

Es probable que sus detalles apoyaran, o inspiraran, que Alejandro, con apenas cuarenta mil hombres, conquistara ese mismo imperio del que Jenofonte había escapado.

De hecho, Flavio Arriano de Nicomedia, a quien debemos gran parte de lo que conocemos sobre la aventura de Alejandro Magno, llamó a su obra... *Anábasis de Alejandro Magno*. Todo un *influencer*, el Jenofonte.

Pese a todo, la épica posterior no reduce la magnitud de la liada. La aventura pudo resultar inspiradora para muchos, pero los que tuvieron que sufrir el recorrido tenían una opinión distinta. Y los que no volvieron, ni te cuento.

Más de seis mil kilómetros recorridos para cumplir un contrato que nadie quiso honrar y tener que volver con las manos vacías[22].

A veces, uno está mejor de granjero en Tesalia.

---

22. Mi editor tiene pesadillas con algún Ayuntamiento por esto mismo.

• BATALLA DE KARÁNSEBES •

¿DÓNDE?

Karánsebes está en la actual Rumanía. En esa época se la disputaban los otomanos y los austriacos.

¿CUÁNDO?

Siglo XVIII, allá por el 1788.

¿QUIÉN?

Por un lado, el Imperio Austriaco. Por otro, el Imperio turco. Spoiler: uno de los dos la lía.

Algunos podrían alegar que esta última liada está en el límite del intervalo de confianza. Un pequeño número de historiadores consideran que el citado evento no sucedió. O, al menos, no como se narra. Hay también fundadas dudas sobre las cifras de bajas que se han llegado a ofrecer. Pero, consultadas las demás fuentes, hay sobrados argumentos como para confiar en la veracidad de esta pedrada. Además, es tan tan liada que sería una auténtica lástima desaprovecharla.

Vamos a ubicarnos.

Estamos en plena guerra ruso-turca.

Vale, con estos datos no estamos aclarando demasiado el panorama. Los rusos y los turcos han estado repartiéndose estopa desde tiempos inmemoriales. Algunos cifran en trece esos enfrentamientos oficiales. Aquí hablamos de la guerra de 1787 a 1792, que vendría a ser el octavo de esos conflictos.

Catalina II de Rusia, alias la Grande, había firmado con los turcos la Paz de Kuchuk Kainarji —pronúnciese a gusto del lector— en 1774, pero no había quedado muy satisfecha con la movida. Aspirando a expandirse a costa del Imperio otomano, estableció una alianza secreta con Austria y en 1783 se anexionó el khanato de Crimea.

Sí, justo la Crimea en la que se desarrollaría la batalla de Balaclava.

Ya por entonces, un siglo antes de la carga de la Brigada Ligera, franceses, ingleses y prusianos propusieron fortalecer a los otomanos para reducir el peligro que representaba Rusia. Sin embargo, Austria estaba a otras historias. El emperador, José II de Habsburgo-Lorena, andaba empeñado en «recuperar la gloria del Sacro Imperio Romano»[23]. Ya hemos señalado que frases como estas suelen implicar malos rollos, gente perdiendo su casa y, con frecuencia, algo más. Como Prusia no estaba por la labor de permitirle «buscar la gloria» hacia el oeste, José II pensó que podía aprovechar la debilidad otomana hacia el sureste. Catalina, que debía tenerlo calado, lo invitó a recorrer Crimea y lo convenció de apoyar a Rusia en su inminente conflicto con los otomanos. «Vamos, chaval, que nos los comemos». Y el emperador, que se vio montando una franquicia de *schnitzels* vieneses[24] en Belgrado, accedió.

En resumen, que cuando estallaron las esperables hostilidades entre rusos y otomanos, los segundos se encontraron con la sorpresa de que Austria se incorporaba a la fiesta. El

---

23. Ya saben, «Make Sacro Imperio Romano Great Again». Originales, lo que se dice originales, no somos.

24. Descargo gastronómico: para los más puntillosos, el wiener schnitzel no existía como tal en esa época y no apareció en libros de recetas hasta 1831; pero la existencia del filete empanado ya estaba registrada en la cocina austriaca desde el siglo XVIII, cien años antes de que la leyenda atribuyera su aparición al «robo del escalope a la milanesa» italiano. Me acaba de dar hambre.

sultán Abdulhamid I, que aspiraba a recuperar Crimea y el Yedisán, se encontró con que podía perder la ciudad de Belgrado en este nuevo frente occidental austriaco.

Para ser justos, Austria tenía una larga historia previa con los otomanos. Desde la caída de Constantinopla, se había abierto una vía hacia Centroeuropa, que había llevado a los ejércitos del sultán hasta las mismísimas puertas de Viena en varias ocasiones. La primera en 1529, y la segunda en 1683, cuando la histórica carga de los Húsares Alados polacos rompió el cerco y dio comienzo al declive de la expansión otomana por Europa.

Es decir, que, a estas alturas, austriacos y otomanos llevaban dos siglos y medio mirándose mal y regando esporádicamente de sangre los Balcanes.

Pero, bueno, esas guerras también nos trajeron el café y los *croissants*[25]. Así que 50-50, ¿no?

Vamos a centrarnos, que nos dispersamos de nuevo. La guerra discurrió en dos frentes. Los rusos estaban en el oriental. Y, en el occidental, las tropas austriacas tenían un obje-

---

25. 2.ª Descargo gastronómico: de este capítulo no escapo vivo; en realidad, la leyenda panadera vienesa, que se supone desemboca en la creación del croissant, se refiere al kipferl, que vendría a ser el antecesor del susodicho producto; otras teorías lo alejan de Viena y lo vinculan a la ciudad de Buda; e incluso a la victoria de los francos frente a los Omeyas en Tours, en el 732; queda a gusto del lector elegir su croissant favorito.

tivo claro: la toma de Belgrado. De camino, se acercaron a la ciudad fronteriza de Karánsebes —o Sebesh— en la actual Rumanía.

En este momento, sería importante destacar la constitución de las tropas del emperador austriaco. El ejército imperial era un pequeño batiburrillo de nacionalidades, incluyendo serbios, croatas, húngaros, rumanos e italianos. No todos dominaban el alemán, lengua del imperio, y dependían de sus mandos propios no solo para coordinarse, sino, incluso, para entenderse. Un jaleo.

El 17 de septiembre de 1788, esa pequeña torre de Babel, con más de cien mil hombres, acampó en las proximidades de la Karánsebes. Habiendo dejado Belgrado detrás, confiaban en bloquear el acceso al ejército otomano. Como era habitual, una unidad de caballería ligera fue destinada a revisar los alrededores, en previsión de la posible presencia enemiga. Se eligió a la unidad de húsares húngaros. Y allí que van nuestros bravos jinetes, con sus característicos y llamativos uniformes.

A partir de aquí, y para no liarnos cual soldado austriaco, vamos a marcar la temporización de los hechos. Disculpe el lector el uso de este recurso, pero ayuda a digerir la sucesión de acontecimientos de esta desventurada obra:

Escena I.

Los húsares cruzan el río y no encuentran nada. Pero naíta. Ni un turco que llevarse a la boca. Sin embargo, sí coinciden con un grupo de gitanos valacos. Tal vez, un campamento. Los susodichos valacos se ofrecen a venderles unos barriles de schnapps, el aguardiente local, a los jinetes imperiales. Y nuestros aguerridos exploradores, que están cansados, mal alimentados y, a lo mejor, aburridos hasta la pluma del sombrero, deciden que tampoco es mala idea. «Un traguito no nos va a matar, Nikolaj». La verdad es que los húsares húngaros tenían una cierta fama de amigos del jolgorio. Como si quisieran confirmarla, compran el aguardiente y se montan una fiesta en condiciones. De las de antes del confinamiento. Sin mascarillas. A lo loco.

Archiduque José Antonio de Austria, Nádor de Hungría, vestido húsar
imperial a principios del XIX. Discretos, lo que se dice discretos, no eran.
Ilustración de Franz Xaver Zalder, s. XIX.
Dominio Público.

Escena II.

Pasan las horas y, al no recibir información de la caballería, los preocupados oficiales imperiales envían una unidad de infantería a comprobar qué pasa. Al llegar, se encuentran a los húngaros cantando y borrachos como cubas. ¿Se indignan? ¡Qué va! Respire aliviado, querido lector. La infantería imperial, con una actitud que, como español, no puedo dejar de aplaudir, decide unirse a la fiesta. Pero surge un problemilla. Los húngaros no están por la labor de compartir el aguardiente. «Paprika pa ti, Franz. Si quieres botellón, te montas el tuyo». El desafecto de los húsares llega hasta el punto de formar una barricada alrededor del alcohol y defenderla con uñas y sables.

Escena III.

La pequeña bronca de bar comienza a complicarse y llega, literalmente, a las manos. En plena algarabía, a alguien se le escapa un disparo al aire.

Y se lía parda.

Escena IV.

Ante el ruido del disparo, los valacos creen que se trataba de tiradores otomanos y corren a cubierto al grito de «¡turci, turci!» —«¡los turcos, los turcos!»—). Algunas fuentes apuntan a que esto pudo no ser accidental, sino una forma de generar caos. Si este era el caso, funcionó. Vaya que si funcionó. La infantería se desbanda. Mientras, a los húsares se les pasa la borrachera de golpe, montan a caballo y emprenden las de Villadiego en dirección al campamento del ejército.

Escena V.

Ante el descontrol reinante, los oficiales imperiales buscan evitar la dispersión de los soldados. Para ello, gritan: «¡Halt, Halt!», «¡alto, alto!» en alemán. Pero, al parecer, parte de la tropa no germanoparlante entiende: «¡Alá, Alá!» (Zur Kriegsheschichte, 1788, p. 728). La cosa mejora.

Escena VI.

Para completar la liada, llega al campamento de Karánsebes una nueva unidad de caballería imperial. Como ya oscurece, estos recién llegados toman a nuestros queridos húsares húngaros, que regresan a galope al campamento, por jinetes turcos al ataque. Así que, valerosos, deciden cargar contra ellos.

Escena VII.

A su vez, los artilleros imperiales, al ver la carga de los jinetes recién llegados, toman a estos por turcos y abren fuego.

Vamos a dar un minuto al lector para que pueda repasar el guion de la película hasta el momento.

Seguimos.

Escena VIII.

Como era de esperar, todo el campamento se pone en pie ante el infierno desatado. Sobre el galimatías lingüístico, se escuchan disparos y los gritos de las tropas enfrentadas. El propio emperador José II despierta, sorprendido. Sube a su caballo, pero este se desboca ante la turba y el monarca cae a un río. O una poza. Pero, vamos, que termina con la retaguardia mojada, antes de poder escapar del cacao con su guardia personal.

Epílogo.

A la mañana siguiente, el emperador, atónito, contempla el campo de batalla, plagado de uniformes imperiales. Según posibles registros escritos, los soldados no solo se batieron entre sí, sino que algunos aprovecharon el caos para dedicarse al pillaje en los pueblos cercanos, extendiendo el balance de víctimas a los ajenos al conflicto y arrojando una mayor sombra de vergüenza sobre la operación.

Llegados a este punto, la mayoría de las fuentes que confirman el evento discrepan, sin embargo, en lo referente a las bajas. Hay que tener en cuenta que, en muchas anotaciones del período, no se distinguía si las pérdidas se referían a fuego amigo, enemigo o a cualquier otro motivo. Al respecto de este vergonzoso suceso, algunos hablan de unos ciento cincuenta fallecidos. Otros citan mil doscientos heridos, que fueron trasladados a una fortaleza próxima. Uno menciona la desaparición temporal de quinientos soldados, sin apenas bajas definitivas. Pero también hay un biógrafo de José II que eleva a diez mil los fallecidos. Cifras al margen, el impacto moral que tuvo este incidente en las tropas imperiales fue grande y duradero.

No era para menos.

De hecho, se ha relatado que, pocos días más tarde, el ejército otomano llegó a la zona y, tras contemplar boquiabierto los restos del conflicto, ocupó Karánsebes sin más dificultades. Cuenta también la leyenda que existía una recompensa por cada cabeza imperial entregada al visir. Y que la avanzadilla otomana tuvo la paga extra más sencilla de su vida.

Se cree que el suceso fue engrandecido y distorsionado por los enemigos de Austria, que vieron en semejante acontecimiento una oportunidad fabulosa para mofarse del emperador. Pero todas las fuentes apuntan a que, en realidad, el sustrato sobre el que construir este relato crítico era sólido.

En resumen, un bochornoso evento, resultado de combinar alcohol y problemas de comunicación. Su descripción más certera y maravillosa corresponde a la enunciada por los redactores de una famosa enciclopedia online: «Derrota austríaca autoinfligida».

No se me ocurre una manera más apropiada de terminar este libro que con una cita como esta. Toda una declaración de intenciones.

Muchas gracias, querido lector, por su paciencia. Que la historia te acompañe.

• GLOSARIO •

Askaris. Soldado indígena, ya sea de África y Oriente Medio, que servía en un ejército colonial europeo.

Aspis. En griego antiguo, escudo genérico.

Aurigas. Conductor de un carro de caballos. Sobre todo, de la biga, el carro ligero tirado con dos equinos. Solían ser esclavos de confianza o libertos.

Beocios. Natural de Beocia, región griega situada al noroeste del golfo de Corinto.

Breno. Jefe galo que lideró la invasión de Macedonia y Grecia por parte de una confederación de tribus, en el año 279 a. C. Llegó, vio, venció, saqueó y la palmó regresando a casa.

Boches. Término despectivo para referirse a una persona de origen alemán. Venía de la guerra francoalemana del 1870, pero se usó con frecuencia en la Primera y Segunda Guerra Mundial.

Calcio fiorentino. Deporte medieval italiano y posible antecesor del fútbol. En tiempos pasados parecía *rugby* sin reglas. Hoy en día tira más a pelea callejera sin camisetas.

Clámide. Capa corta y ligera, hecha de lana, usada por los griegos clásicos. «Abriga sin estorbar en combate».

Domiciano. Tito Flavio Domiciano, emperador romano, hijo menor de Vespasiano y paranoico que flipas.

Epiro. Antiguo estado helénico, hoy en día dividido entre Grecia y Albania.

Espartiata. Espartano de pleno derecho, descendiente, en principio, de los dorios originales. Tiene plenos derechos políticos. Entre ellos, arruinarles la vida a los Ilotas.

Etolios. Naturales de Etolia, región montañosa situada en la costa norte del golfo de Corinto.

Falange. Formación militar, en la que los soldados forman una fila, muy próximos entre sí. Mejor no entramos en más definiciones.

Fíbula. Pieza metálica que, en la Antigüedad, se utilizaba para unir o sujetar prendas de vestir. Los botones llegaron mucho más tarde.

Focidios. Naturales de la Fócide, región de Grecia central, donde se encuentra Delfos.

Ghurka. Pueblo originario del Nepal. Derrotados por los británicos, estos quedaron tan impresionados que comenzaron a reclutarlos para su propio ejército.

Guaraní. Grupo de pueblos nativos sudamericanos, asociados a la región de Paraguay y alrededores. Se suele usar como gentilicio de los paraguayos.

Hoplita. Ciudadano soldado en la Grecia clásica. Infantería pesada que lleva el hoplon. Antecesores del *crossfit*.

Hoplon. En griego antiguo, el escudo que llevaba la infantería pesada de hoplitas, así como la caballería.

Húsar. Soldado de caballería ligera, vestido con frecuencia al estilo húngaro, del que procede.

Ilota. Siervos, desprovistos de derechos ciudadanos. Forman la fuerza agrícola espartana, cuyos espartiatas los trataban con dureza y desconfianza. Esto último me ha quedado demasiado suave, considerando el puñeteo vital que sufrían a manos de los espartanos «auténticos».

Inmortales. Cuerpo de infantería élite del ejército persa aqueménida. Se trata de una guardia real de diez mil soldados profesionales, entrenados y bien armados, que constituían el corazón del ejército desde la época de Ciro II. El nombre, en realidad, le viene del hecho de que cada soldado caído era sustituido, conservando así siempre su tamaño y su estructura. Hay que reconocer que «tranquilos, tenemos lista de reserva» impresionaba bastante menos.

Jerjes. Jerjes I o Jerjes el Grande, hijo de Darío y cuarto rey de reyes del Imperio aqueménida. Es el que se estampó en las Termópilas, y luego en Platea, contra los antiguos griegos.

Kathisma. Asiento. En el hipódromo de Constantinopla, el palco del emperador. Zona vip, con buenas vistas y tapeo gratis.

Keleustes. Como un oficial de cubierta, que marca el ritmo de los remeros. Los romanos lo llamarán *hortator* o *pausarius*.

Kipferl. También llamado Kifli, es un panecillo típico de Europa del Este. Tiene forma de medialuna, puede ser salado o dulce. Se dice que fue el antecesor del *croissant*, ante lo cual tiene mi máximo respeto.

Kudos. En griego, alabanza, o manifestación de admiración o reconocimiento. Por ejemplo: «¿De verdad te has leído mi libro entero? ¡Kudos!».

Melóforo. «Portador de manzanas». Parte del ejército aqueménida persa. Dentro de los llamados Inmortales, los melóforos formaban una unidad de mil lanceros de élite, guardia personal del gran rey. El contrapeso de sus lanzas tenía forma de manzana. Para ser sinceros, esta palabra no sale en el libro, pero sí he dejado un pequeño huevo de Pascua al respecto. Hale, a buscar.

Monofisismo. También llamado eutiquianismo, es una doctrina teológica que sostiene que Jesucristo solo está presente en la naturaleza divina, pero no en la humana de su encarnación. Contradice al dogma católico y ortodoxo, que afirma que Cristo existe en ambas naturalezas a la vez, sin separación ni confusión. Alrededor de discusiones como esta se ha dado la gente palos durante siglos.

Niká. En griego, victoria o conquista. Nike sería la diosa de la victoria y presidía las competiciones atléticas en la Grecia clásica. *Just Do It.*

Nummi. Moneda de bronce bizantina, de menor valor que el sólido.

Oboe. Se trata de un instrumento de viento —sí, ya sé que esa parte no tenía mucho misterio—, pero aquí hace referencia a la doble flauta griega, llamada en esa época Aulos. En la Grecia clásica, el *keleustes* se apoyaba en el sonido del oboe para marcar el ritmo de los remeros.

Panoplia. Conjunto de piezas que forma la armadura y resto de armamento de un soldado.

Pantomima. Disciplina perteneciente al arte dramático o mímica dramática. Se hizo muy popular como sátira en Grecia y Roma.

Pelta. Escudo ligero, pequeño. Se usó en Grecia y Roma.

Peltasta. Que va armado con pelta. En otras palabras, la infantería ligera griega clásica.

Quitón. Prenda de vestir en la Grecia clásica. Era larga, como una túnica. Monísimo para el ágora, pero terrible para el campo de batalla.

Reichstag. Asamblea o parlamento del Sacro Imperio Germánico, dará nombre también al actual Parlamento alemán. Si lo dices en alto, la gente se cuadra.

Risk. Juego de mesa basado en la conquista estratégica. Cuenta con un mapa del mundo y diferentes figuras que representan a los ejércitos. Yo siempre cogía Oceanía.

Sólido. Moneda de oro creada por Constantino I. Deriva en gran medida del antiguo *aureus* romano. Se utilizó hasta el siglo XI.

Sarisa. Pica habitual de las falanges macedonia, desde Filipo II en adelante. Larga de narices, de tres a siete metros, con un promedio de seis. Si has visto las películas de *El señor de los anillos*, piensa en los Uruk-hai. Si no las has visto, cierra el libro y vuelve cuando hayas terminado.

Tegeatas. Natural de Tegea, ciudad principal de la Arcadia. Región central en el Peloponeso.

Trirreme. «Tres filas de remos». Barco de guerra, propio del Mediterráneo clásico. Los atenienses medían de treinta a cuarenta metros y llevaban hasta ciento setenta hombres. Sustituyó a la pentecóntera como nave estándar de combate marítimo.

Venationes. Espectáculo en el que diversos animales salvajes luchan entre sí, o bien son cazados ante los espectadores.

• BIBLIOGRAFÍA •

Bajo Álvarez, F.; Cabrero Piquero, J.; Fernández Uriel, P. *Historia Antigua Universal III. Historia de Roma.* Editorial UNED. España. 2008.

Baker, S. *Roma. Auge y caída de un imperio.* Ariel. España. [2007] 2017.

Barquero Goñi, C.; Donado Vara, J. *Historia medieval II* (siglos XIII-XV) Editorial Universitaria Ramón Areces. España. 2014.

Cabrero Piquero, J.; Fernández Uriel, P. *Historia antigua II. El mundo clásico. Historia de Roma.* Editorial UNED. España. 2014.

Cameron A., *Circus Factions: Blues and Greens at Rome and Byzantium.* Clarendon Press. Reino Unido. 1976.

Chamorro Torres, F. *Los despojos del Paraguay: el tratado secreto y sus consecuencias.* Editorial Goya. Paraguay. 2020.

Charles, M. B., *The Classical Quarterly*. New Series, Vol. 61, n.º 1. Cambridge University Press. Reino Unido. 2011.

Demóstenes. *Las Filípicas*. Sobre la corona. Ediciones Cátedra. España. 1988.

De Frutos García, A. *La consolidación del Egipto lágida*. Desperta Ferro, Antigua y Medieval. Núm. 8. Pp. 46-50. España. 2011.

Domínguez Monedero, A.J. *Del pentecóntero a los gigantes helenísticos: la evolución de la marina de guerra griega*. Desperta Ferro, Antigua y Medieval. Núm. 6. P. 16-21. España. 2011.

Donado Vara, J.; Echevarría Arsuaga, A. *Historia medieval I (Siglos V-XII)*. Editorial Universitaria Ramón Areces. España. 2014.

Echevarría Arsuaga, A.; Rodríguez García, J. M. *Atlas histórico de la Edad Media*. Editorial Universitaria Ramón Areces. España. 2013.

Edmonds, J. *Military Operations France and Belgium 1917.* Battery Press. EE. UU. 1991.

Farwell, B. *The Great War in Africa, 1914-1918.* W. W. Norton & Company. EE. UU. 1989.

Fernández Uriel, P. *Historia antigua universal II. El mundo griego.* Editorial UNED. España. 2007.

Fine, J. V. A. *The ancient greeks: A critical history.* Charlote & Peter Fiell. EE. UU. 1985.

García Pérez, J. *Conflictos Territoriales y Luchas Fronterizas en América Latina durante los siglos XIX y XX.* Norba. Revista de Historia Vol. 18. Extremadura, España. 2005.

Grant, M. *Atlas Akal de Historia Clásica. Del 1700 a. C. al 565 d. C.* Ediciones Akal, S. A. España [1971] 2002.

Gibbon, E. *The History of the Decline and allo f the Roman Empire.* Bell & Daldy. Reino Unido. 1867.

Guillén Tello, E. *La falange macedónica contra la falange hoplita*. Desperta Ferro, Antigua y Medieval. Núm. 21. Pp. 38-39. España. 2014.

Guiral Pelegrín, C.; San Nicolás Pedraz, M. P.; Zarzalejos Prieto, M. *Historia de la cultura material del mundo clásico*. Editorial UNED. España. 2010.

Ham, P. *Passchendaele: requiem for doomed youth*. Penguin Random House. Australia. 2016.

Hergt, M.; Hilgemann, W.; Kinder, H. *Atlas histórico mundial. De los orígenes a nuestros días*. Editorial Akal. España. 2007.

Hoyt, E. *Guerilla: Colonel von Lettow-Vorbeck and Germany's East African Empire*. Collier Macmillan Publishers. Reino Unido. 1981.

Jenofonte. *Anábasis*. Ediciones Cátedra. España. [1991] 2009.

Jenofonte. *Helénicas*. Consejo Superior de Investigaciones Científicas. España. 2015.

Kenneth J. Harvey. *The battle of Tanga, German East Africa 1914*. Pickle Partners Publishing. Reino Unido. 2014.

Lario, A. *et al. Historia contemporánea universal: del surgimiento del Estado contemporáneo a la Primera Guerra Mundial*. Alianza Editorial. España [2010] 2018.

López Melero, R. *Así vivieron en la antigua Grecia*. Grupo Anaya. España 2009.

Mangas, J. *Historia Universal. Edad Antigua. Roma. Volumen I. Tomo B*. Editorial Vicens Vives. España. 2006.

Marzower M. *La Europa Negra*. Barlin Libros. España. [1998] 2017.

Militello, V. F. *Venationes y poder en la Roma imperial: poesía panegírica y crítica*. Nova tellus, vol. 38, núm. 2. Universidad Nacional Autónoma de México, Instituto de Investigaciones Filológicas. Méjico. 2020.

Orfila, M. *La intervención de Q. Cecilio Metelo sobre las Baleares (123 a 121 a. C.). Condiciones previas y sus consecuencias*. PYRENAE núm. 39, vol. 2(2008), pp. 7-45. España. 2008.

Pascual González, J. Leuctra, 371 a. C. *El día más negro en la historia de Esparta*. Desperta Ferro, Antigua y Medieval. Núm. 14. Pp. 31-37. España. 2012.

Ribot García, L. A. *La Edad Moderna (siglos XV-XVIII)*. Editorial Marcial Pons Historia. España. 2021.

Rodríguez-Picavea, E. *Las órdenes militares ibéricas: orígenes y actividad bélica (1150-1250)*. Desperta Ferro, Antigua y Medieval. Núm. 13. Pp. 38-41. España. 2012.

Rosa, J. M. *La guerra del Paraguay y las montoneras argentinas*. Buenos Aires: Hyspamérica. Pp. 18. Argentina. 1986.

Sánchez Meca, D. *Diccionario esencial de Filosofía*. Editorial Dykinson. España. 2012.

Sánchez Meca, D. *Historia de la filosofía antigua y medieval*. Editorial Dykinson. España. 2013.

Sánchez Toledo, J. *El hoplita espartano*. Desperta Ferro, Antigua y Medieval. Núm. 14. Pp. 32-41. 2012.

Sarmiento, D. F. *Epistolario de Domingo Faustino Sarmiento. Cartas familiares.* Asociacion de Amigos del Museo Histórico Sarmiento. Argentina. 2001.

Sheffield, G. *Forgotten Victory: The First World War: Myths and Realities* (reprint ed.). Headline Book Publishing. Reino Unido [2001] 2002.

Smink, V. *Vintage potos show Latin America´s deadliest war.*

Suetonio. *Vida de los Doce Césares.* Espasa Calpe. España. [2003] 2008.

Sweetman, J. *Balaclava 1854: The Charge of the Light Brigade.* Osprey Publishing. Reino Unido. 1990.

Turnbull, S. *Tannenberg 1410: disaster for the Teutonic Knights.* Campaign series 122. Pp. 73. Reino Unido. 2003.

Turnbull, S. *1410 La batalla de Tannenberg/Grunwald pág. 40-46.* Desperta Ferro, Antigua y Medieval. Núm. 9. Pp. 40-46. España. 2012.Ç

Varios. *Zur Kriegsgeschichte*. Real Zeitung, n.º 80, pp. 723-729. Alemania. 1788.

• WEBGRAFÍA* •

Secretaría Nacional de Cultura. Gobierno Nacional de Paraguay. La Guerra de la Triple Alianza, 1864 al 1870. Rodríguez Alcalá, G.

www.cultura.gov.py

Curiosfera. Historia. La rebelión de Nika.

www.curiosfera-historia.com

Diario El País. Balas, abejas y chapuzas detienen una invasión. Antón J.

www.elpais.com

Historia Universal. Edad Media. Batalla de Tannenberg o Grunwald.

www.mihistoriauniversal.com

Museo y Biblioteca Casa del Acuerdo. La Guerra de la Triple Alianza.

https://museodelacuerdo.cultura.gob.ar

O César o nada La batalla de Grunwald de 1410, el principio del fin del Estado Monástico de la Orden Teutónica. López, M.

www.ocesaronada.net

Que vuelen altos los dados. Historia. La batalla de Tanga.

www.quevuelenaltolosdados.com

NNC News. Mundo. 150 años de la Guerra de la Triple Alianza: cómo fue el conflicto bélico que más víctimas causó en la historia de América Latina. Smink, V.

www.bbc.com

Ministerio de Cultura de Argentina Por qué la Guerra de la Triple Alianza cambió la historia de la región.

www.cultura.gob.ar

David López Cabía. Blog. Derrota británica a manos de las abejas en la batalla de Tanga. López Cabía, D.

www.davidlopezcabia.es

History Today. The Battle of Grunwald. Cavendish, R.

www.historytoday.com

La Brújula Verde. Los Disturbios de Niká, la tangana deportiva que derivó en rebelión abierta contra el emperador Justiniano. Álvarez, J.
www.labrujulaverde.com

La Brújula Verde. Egospótamos, la gran victoria de Esparta sobre Atenas que decidió la Guerra del Peloponeso. Álvarez. J.
www.labrujulaverde.com

Livius. Articles on ancient history. Livy, Periochae 56-60. Lendering, J.
www.livius.org

Ego sum qui sum. El León Africano: la vida y hazañas de Paul von Lettow-Vorbeck. Civeira, M.
www.maikciveira.com

WORLD HISTORY ENCYCLOPAEDIA. La Reconquista. Cartwright, M.
www.worldhistory.org

* *[En línea].* Disponible en web.